献给我的家乡

和

我的父亲

旧影潮州

（增订本）

Historical Photos of Teochew

丁铨◎编著

旧影潮州

Historical Photos of Teochew

（增订本）

丁铨◎编著

我们看到这座城的过去
谨愿潮州之风物
得以善存
拾回本真雅致

南方日报出版社
NANFANG DAILY PRESS
中国·广州

图书在版编目（CIP）数据

旧影潮州 / 丁铨编著. -- 增订本. -- 广州：南方日报出版社，2020.12（2024.7重印）
ISBN 978-7-5491-2301-8

Ⅰ. ①旧… Ⅱ. ①丁… Ⅲ. ①潮州－地方史－近现代－摄影集 Ⅳ. ①K296.53-64

中国版本图书馆CIP数据核字(2020)第226550号

旧影潮州（增订本）

JIUYING CHAOZHOU

编　　著：丁　铨
出 版 人：周山丹
策划编辑：佃燕婉
责任编辑：佃燕婉　黄敏虹
装帧设计：佃燕婉
地图绘制：黄珂展
责任技编：王　兰
责任校对：阮昌汉　裴晓倩
出版发行：南方日报出版社
地　　址：广州市广州大道中289号
经　　销：全国新华书店
印　　刷：广州市岭美文化科技有限公司
开　　本：889mm×1194mm　1/16
印　　张：18.5
字　　数：130千字
版　　次：2020年12月第2版
印　　次：2024年7月第3次印刷
定　　价：88.00元

投稿热线：（020）87360640　读者热线：（020）87363865
发现印装质量问题，影响阅读，请与承印厂联系调换

序

陈平原
北京大学中文系教授
长江学者特聘教授
中央文史研究馆馆员

接到《旧影潮州》书稿的那一瞬间，我真的是又惊又喜。惊的是，这事本该由我来做——多年前读约翰·汤姆逊的《中国和中国人影像》与《镜头前的中国》，就注意到三元塔等有关潮州的老照片；撰写研究晚清画报的著作时，也曾格外留意有关潮汕的图像资料——这下可好了，有人捷足先登。喜的是，作者很用心，且充分发挥年轻一辈熟悉网络的优长，做得比我想象中的好。激赏之余，欣然答应撰序，且并非居高临下的“鼓励”，而是表达感激之情——借助此书，我得以重温家乡那日渐远去的面影，同时，学习那“一段看得见的潮州史”。

今日中国，从政府到民间，都在强调“与国际接轨”；反过来，如何关注自己脚下的“这一方水土”，则成了看得见摸不着的短板。几年前，我发表《俗文学研究视野中的“潮州”》（2010 年 4 月 11 日《南方都市报》），谈及先贤整理潮汕文献的功绩，除了《潮州诗萃》（温廷敬辑）、《潮州艺文志》（饶锷、饶宗颐著）等大书，还有许多深深介入了现代学术潮流的“小书”（如 1920—1930 年代丘玉麟、林培庐、杨睿聪等潮汕学人的工作），同样值得关注。文章最后谈及：“作为生活在这片土地上的读书人，谈论潮汕文化，需要‘同情之了解’，更需要切切实实的体会，以及深入骨髓的探究，而不是什么‘提倡’或‘表彰’。”说这话，很大程度是在自我检讨，因起意虽早，却至今未能腾出手来投入“潮学”研究。

《旧影潮州》的作者丁铨是潮州人，80后，摄影记者，在媒体工作，这几点决定了本书的基本特色：第一，对这座古城充满温情与敬意，且因熟悉周围环境，得以寻访老人，确定拍摄方位及建筑名称；第二，善于利用网络搜索，除诸多潮州老照片外，还有据此制作的铜版画；第三，摄影师的专业知识，使得他处理图片以及谈论湿胶棉摄影法、移轴镜头时得心应手。说实话，这书换我来做，不见得能达到如此水平。眼看家乡的年轻人有这般兴致与能力，着实让我欣喜，也乐得从此放下那原本就有点力不从心的写作计划。

封面上这幅三元塔，拍摄于1870年，是目前所知潮州影像史的开端。此塔六层以上在1918年的地震中垮塌，故约翰·汤姆逊的这幅作品弥足珍贵。但若放在全国范围审视，同时期的照片中，砖塔、寺庙、城墙、集市等比比皆是，三元塔算不上特别稀奇。要说兼及建筑、风物、人情与影像，最值得关注的，还属那横卧在韩江上的湘子桥。

大概每个潮州人都会记得这首民谣：“潮州湘桥好风流，十八梭船廿四洲，廿四楼台廿四样，二只鉎牛一只溜。”此桥初建于南宋乾道七年（1171年），历朝多有扩建与修葺，至明宣德十年（1435年）方才大致定型，据说是世界上第一座启闭式浮桥，很是上镜，也很能吸引游客的目光。1870年约翰·汤姆逊拍摄此桥的惊险过程固然有趣，但20多年后，礼荷莲拍摄的照片画面更为饱满，且包含更多可供解读的生活细节。若有闲暇，仔细爬梳不同时期的湘子桥影像，参阅“余自少留心乡邦文献”的饶宗颐年轻时所辑《广济桥志》，再加上了解此桥1958年撤去梭船、加固桥墩、架以钢梁，改为可通汽车的现代桥梁，以及2007年以修旧如旧为准则、以重现明代风貌为设计依据，重新变身为旅游观光步行桥的整个过程，绝对是一次意味深长的“知识考古”。

今天的潮州古城，吸引广大游客的，除了广济桥（湘子桥）、开元寺、韩文公祠、许驸马府、己略黄公祠、笔架山潮州窑遗址等全国重点文物保护单位，还有大名鼎鼎的牌坊街。可惜，让今日游客惊叹不已的重重叠叠22座石牌坊，至2004—2009年间复建。真正显示古城风韵的那39座牌坊，因妨碍交通，1951年4月便基本上拆光了。这比北京拆牌楼及城门还早了三年多。剩下的三座，“岳伯”“省郎”二坊难逃“文革”厄运，只有北马路的忠节坊硕果仅存。《旧影潮州》专设“凭吊潮州牌坊”一节，收录诸多老牌坊的“遗照”，供后世读者缅怀。这些照片拍摄时间不一，且比较靠后，这本是其弱点，没想到作者灵机一动，转而谈论起牌坊上的海报及标语，借以看出时代风气的变化。

随着1860年汕头开埠，潮州作为府城的重要性逐渐下降。因此，史家谈论近代潮汕，焦点明显从潮州转向了汕头。大趋势确实是如此，但不该完全抹杀古城潮州的现代转型。当我看到100多年前潮州的弃婴岛（第47—49页），了解时钟楼的钟声曾响彻古城、惠及三溪（枫溪、意溪、涸溪）（第116—121页），以及1917年为响应新文化运动而组织的潮安青年图书社坚持活动多年（第55页、第268—269页），实在按捺不下喜悦的心情——我那处于“省尾国角”的家乡潮州，清末民初，并不像很多人想象的那么闭塞呀。

谈及当代潮州的“闭塞”，我曾举了个例子：1978年初上大学前，我没有见识过火车。所有人听到这个细节，都会长叹一声，深表同情。可我知道，历史上潮汕之间是有铁路的，要不，从潮州到汕头的公路怎么会叫“铁路线”呢？这条1904年8月动工修建、1906年11月建成通车、1939年6月因遭日军飞机轰炸而拆毁的潮汕铁路，竟然是近代中国史上第一条由华侨投资兴建的纯商办铁路（第30—31页、第173—179页），这倒大大出乎我的意料。

也曾走在时代前列的潮州，什么时候、因何缘故，变得日渐保守与落寞？这是我特别希望了解的。时过境迁，重新崛起中的潮州，有必要牢记且直面此惨痛的教训。翻阅这些老照片，仿佛穿越一个多世纪的风风雨雨，喜欢或关心潮州的你我，怎能不百感交集？

2015年11月24日于京西圆明园花园

增订本自序

没曾想《旧影潮州》在出版四年后，有机会得以重新梳理、增订，和大家再见面。

不知不觉中，我对潮州老照片的关注已有十年，从最初看到家乡百年前照片时的震撼，到收集了更多老照片后对其进行解读，再到第一版《旧影潮州》的出版，某种程度上说，是对潮州这座古城新中国成立前的影像史进行的一次整理。

2015 年底，深圳越众历史影像馆收藏到一段大约 90 年前的关于潮汕地区的活动影像，并准备以放大这段影片中的蛛丝马迹的方式，筹备一场呈现历史细节的展览。次年初，恰逢《旧影潮州》出版，策展人江渡先生因阅读到书中内容，遂联系到我，他说书中放大细节解读旧影的方式给了他们团队一些策展上的启发。他手头那本《旧影潮州》的内页上写满了密密麻麻的标记，令我十分感动。后来的展览也引入了本书的部分内容和插图，进行了多样而生动的展示。对书本身来说，这便是一种意料之外的延伸意义。

在关于这次展览的一篇文章中，江先生引用了美国自然历史博物馆策展人沈辛成演讲时说的一段话："我们记忆历史的方式可以有很多种，历史未必就是王朝的更替，未必就是败寇成王。它可以发生在最不起眼的地方，它可以发生在你我身边的周围。我们每一个人，我们经历过坎坷而美好的过去，都可以成为记忆这座城市的一种方式。"

这几年来，每收集到"新的"老照片，都可以为潮州找回一些记忆。最近，一本从古巴拍卖回来的老照片相册几经辗转最终回到潮州，被我有幸收藏。其中，最让我激动的便是当中的潮州府衙高清老照片。潮州府衙从 1911 年被烧毁后，人们便难以在档案中看到它原本的模样。而历史十分凑巧地让来自德国的拍摄者刚好在镇海楼被毁前的一两年，用他们手中的相机留下了珍贵的镜头，让明清时期“一府管九县”的潮州府得以在百年后清晰地重现于世。这几张极富历史价值老照片也将在增订本中首次公开，可谓是“镇书之宝”。这些影像让我们看到较为完整的潮州府楼和府内的景物，对潮州来说，很有意义。

2017 年我在北京的国家图书馆中看到《旧影潮州》的时候，内心是很激动的，书标注是“永久收藏”，我不知这是不是意味着百年后的人有机会看到这本书，并一如当初我见到百年前潮州府城的模样时般的惊喜。

百多年前一些外国人不远万里来到潮州府城，并留下了影像资料。那时的潮州城经过明清时期经济、文化的发展，达到封建时代的鼎盛，但从他们的照片和游记中，读出更多的，是这座古城在历史交汇点中暴风雨前的宁静。百余年来，人类已进入一个影像泛滥的时代，但照片依旧附着记录历史的功能。有游客到潮州旅行时还带着《旧影潮州》去寻找旧影中的风物，对比其与今日的新貌，难能可贵的是，不少潮州老照片里的景观如今都能被找到，他们手机中的照片，甚至能和一百多年前那些来到潮州的四方来客所拍下的，有着相同的角度和构图。于是，这些跨越百年的影像对话，也成了当下人们记忆这座古城的方式，或许这也就是这本书出版的一些意义之所在。

书出版后的近五年来，有人说他在书中认出他的祖父，也有人找到其祖屋的模样；有研究城市规划的朋友，参考了书中的老照片，完成了他关于潮州城明清佛教建筑的硕士论文；有关注老照片的高中生，通过老照片中提供的文字线索，找寻到了照片原主人的故事；古城里一些客栈的房间提供《旧影潮州》，供游客阅读；我还在多地举办过关于这本书的沙龙和影展，共同探讨老照片带来的更多可能性。《旧影潮州》一书及后续一些相关文章，还引起人们对地方古建保护和文化保育的重视，特别是对被“遗忘”的三元塔和番仔楼等历史文化遗产的重新关注。这里衍生出的所有意料之外的东西，都让人备感欣喜。

也幸得许多相识或未曾谋面的朋友的支持和帮助，陆续又有些“新”的老照片被发现和收集，当中一些也被选录到此次增订本中。比如，潮州本土的春光影楼拍下的一些潮州全景照片、潮州昔日女子图片等等。

此次增订，对原版中部分内容进行调整和对一些错漏之处进行校正。其中部分错漏和不足之处是网友们通过微信公众号和微博留言指出来的——比如指出书中缺乏对老照片本身理论的展开和讨论；比如说关于人物的内容有所欠缺，不够丰满等等。增订本在这些方面也进行了一定的校正和补充。希望在出版之后，能和读者朋友有更多意想不到的火花碰撞。

此次增订，要感谢潮州市委、市政府的支持与帮助。感谢深圳越众历史影像馆、《潮安仙圃寨志略》课题组，感谢黄夏东、郑坚、陈传忠、陈韵堂、许立耿、孙天永、卢荣龙、唐泽冰、蔡香玉、蔡柏轩、王炳谋、陈璟桁、李楷瀚、陈逸、陈贤武等朋友提供相关帮助。同时，也再次感谢南方日报出版社社长周山丹和编辑佃燕婉对本书的重视和辛苦付出。感谢家人尤其是父亲一直的支持。

在第一版自序中，我写道："潮州老照片的收集和探寻是开放的、不断更新、校正和完善的过程。"而这本书是个引子便足矣，此心未改。

2020 年 11 月

2016 年版自序

这本书得以出版，或许是因为潮州人的潮州情结。

2009 年末，我还是名在校大学生，偶然间在外国网站上看到美国南加州大学图书馆馆藏清末民初的潮州影像，那些从小熟识的风景一时陌生起来：原来一百多年前的家乡这般模样。

放大那些照片，我像一名老学究似的细察每个留长辫的清人的衣着神情、每栋建筑物上的蛛丝马迹，那种穿越感来得强烈真切。其中大部分历史影像附有详细的英文说明，于是当时，我将它们整理翻译，并在潮州的本土论坛上发帖。出乎意料，有很多人评论和转载。

后来，我开始断断续续从外国网站、旧书市场等渠道找寻与潮州有关的历史照片，再通过微博、微信公众号，用读照片的方式分享及讲述它们的故事，试着拾回某些遗失的历史细节。在这过程中，我重新阅读那座被呼作潮州府的城，身为游子的我，通过它，保持着与故土的联系。

一百多年前的潮州恐怕比今天还要开放，通商口岸的设立，带来了洋人洋货；民间资本家的经营在民国初年达到鼎盛；由于水路发达，港口成为香港和上海之间的重要码头，同时也连接了整个东南亚的华人贸易。而这吸引了不少欧美人或为传教或为生意来到潮州。那时，他们较早拥有相机和掌握摄影术。事实上，潮州清末时期的老照片数量在全国城市中是名列前茅的，在广东省境内可能也就仅次于广州和汕头。从这些老照片，比如直插云霄的三元塔、横跨韩江的湘子桥、贴满广告的旧牌坊……可以看到传统摄影技术的强大。它通过移轴透视效果，呈现的实物有准确的还原度，使我们在看这些建筑物的时候，仿佛走进了黑白老电影里，有一种身临其境的感觉。

日积月累，将拙作进行整理，大致从时间上理出一点脉络。从约翰·汤姆逊于1870年拍下的第一张照片算起，此后二三十年，一批过境潮州的传教士，以礼荷莲、克里斯、约翰斯顿等为代表人物，为潮州留下珍贵的照片。接着，辛亥革命以降，民国时又涌现一批明信片，其间日本佛学教授关野贞和常盘大定到访潮州时也细致记录下开元寺、韩文公祠等。及至日军侵华时期，通讯员喜多拍下攻占潮州城的“罪证”。新中国成立之后，一些那个时代特有的影像资料开始被存于档案馆，亦开始有了更多个人影像。

这，是一段看得见的潮州史。

本书挑选了部分清末到民国时期的影像，是潮州早期的影像。这些老照片让我们窥见历史原貌，多少能为已遭破坏或毁灭的建筑物提供修复时尽可能修旧如旧的依据。它亦提供了历史的细节，我们得以看见文献和口头相传的历史，甚至被时光完全遗忘的一鳞半爪。

慢慢地，我似乎觉得那些能讲述潮州历史的人正渐次老去，古籍里的记载又像是隔着厚实的高墙。潮州的影像史恰是段缺失的历史，亟待补充。我通过收集散落在本土或外域的这些珍贵影像，试图来填补这一缺失。至少，在网络和读图时代，我的同龄人愿意听，以至于他们会参与发现老照片的行动，提供相关线索。

于是便希望借这扇窗，进而尝试去做更多的事情，譬如让更多本土年轻人参与进来，进行口述史创作和在地文物文化保育等。潮州老照片的收集和探寻应该是开放的、无止境的，是众人的力量汇聚的，是不断更新、校正和完善的过程。

至于这本书，我想，是个引子便足矣。

2015年12月

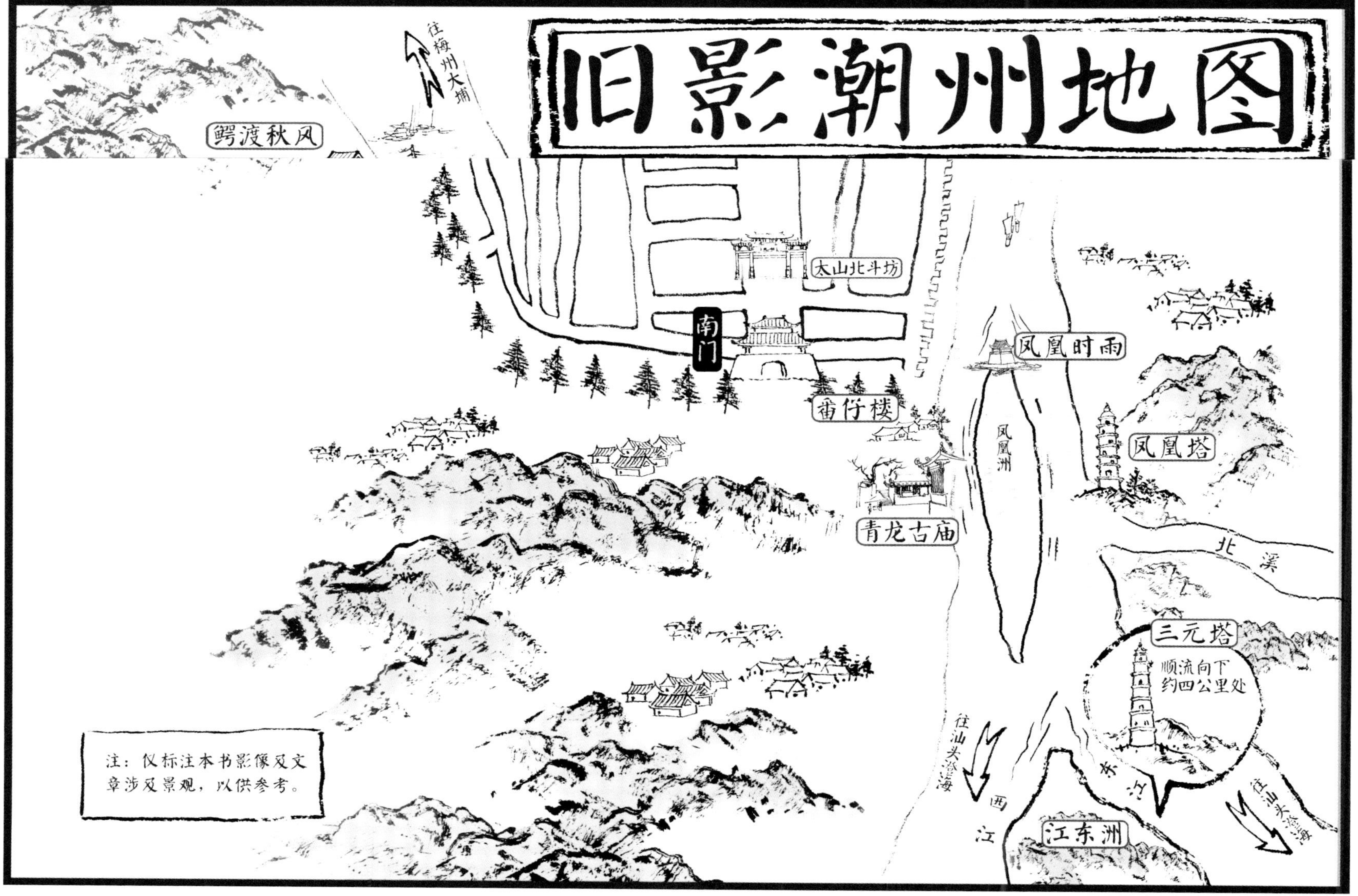
旧影潮州地图
往梅州大埔
鳄渡秋风
太山北斗坊
南门
凤凰时雨
凤凰洲
凤凰塔
畲仔楼
青龙古庙
北溪
三元塔
顺流向下
约四公里处
往汕头澄海
西江
东溪
江东洲
往汕头澄海
注：仅标注本书影像及文章涉及景观，以供参考。

目录

第一章　旅程

约翰·汤姆逊在潮州

当我们谈论潮州历史的时候，我们谈论什么？我们习惯在历史文字里寻觅蛛丝马迹，忽视摄影术发明以来记录历史的功能。

这里，我们谈论起约翰·汤姆逊（John Thomson，1837—1921）。

我们不谈论他周游世界，第一个拍摄了吴哥窟；不谈论他是维多利亚女王的御用摄影师；不谈论他给恭亲王奕䜣、李鸿章和两广总督瑞麟拍过肖像。我们只谈论他 1867 年至 1872 年间，历时五年在中国大地拍下的照片中，于潮州府城拍摄的四张。

那四张照片诞生于 1870 年，清同治九年的晚秋：他从香港坐船在汕头埠登陆，再沿韩江北上，先到达江东，拍下三元塔，接着在涸溪村拍摄凤凰塔。后来或许天色已晚，于是，他在潮州府唯一的外国人、英国副领事[1]家睡了一觉。次日天还没亮，便起床拍摄湘子桥。这是从《中国与中国人影像》（*Illustrations of China and Its People*）及《镜头前的旧中国》（*Through China with a Camera*）这两本书中我们大致能推测的他在潮州的行程，当然这也仅是推测。没人知道他在潮州待了多久，只知道他旅行的下一站是厦门。

他在中国的那段日子，清朝经历两次鸦片战争的冲击，又从太平天国内乱中喘过气来，在崩亡前有了点“现世安稳，岁月静好”的回光返照。而“省尾国角”的潮州城则经历了从《天津条约》规定的通商口岸之一，到三万潮州城民众奋

[1] 汤姆逊所说的英国副领事有可能是阿查礼（Chaloner Alabaster），他早在 1860 年就任汕头英领事馆的翻译。1869 年英皇家军舰“金龟子”（H. M. S. Cockchafat）号事件在韩江上与村民发生冲突后，舰队司令 Jones 要求阿查礼到潮州府陪同镇压。1866—1869 年由 M. William Cooper 初任驻潮州府领事代理，1869 年改署台南领事。刚好 1870 年时，阿查礼回到潮州陪同镇压，代任驻潮州府领事。

起反抗英国领事，再到后来将口岸移到汕头，到最终英国领事入潮事件被平息的日子。汤姆逊过境潮州府城时，正是那段日子中潮州人“华夷之辨”、排外情绪高涨的时期。

1870年，世界上最先进的湿胶棉摄影法（wet plate processing）才发明十多年，有着当时无与伦比的成像效果，但拍摄前须在玻璃板上涂布火胶棉乳液，再架设移动暗房就地冲洗，经过显影、定影后，将图像固定在玻璃底版上。“这是化学上最严格的方法”，当时他要花上很长时间才能完成一张照片的拍摄，再迅速花半个小时的时间让影像固定下来。这让他不得不随身携带大量笨重的设备，汤姆逊为此雇佣了几名脚夫搬运。于是，在汤姆逊拍摄湘子桥时，从未见过照相机的潮州人，很自然地认为他要架起大炮进行攻击。

排外及误解导致的结果是：他被潮州人用砂石投掷驱赶落荒而逃。这个历史片段被其以西方人的视角记载在《潮州府的桥》一文中。这也让他不敢在潮州久留，只拍了四张。而汤姆逊在其他到过的城市均拍了不少照片，这大概算是一种遗憾。

当然，更多的，还是潮州人的福分。我们能看到那些最为美好的潮州风物150多年前的模样，看到还未被48年后（1918年）地震震塌掉塔顶的完整的三元塔。他让西方人第一次看到一个名叫“潮州府”的地方。

换句话说，潮州的影像史在1870年秋开始了。

三元塔：潮州的第一张照片

那一年，游历完台湾之后，汤姆逊在一本书的自序中写道：

> 回到大陆，我游览了汕头和潮州府，那里以他们优质的糖和稻米、好斗的宗族以及村庄之间的战争闻名，让人想起苏格兰的封建时期。

那本书名叫《中国与中国人影像》，出版于1873年的英国，那是至今有关清代中国及中国人影像最重要的著作之一。

▲这张规格为 25.5 厘米 × 30.5 厘米的三元塔照片，是潮州历史上第一张照片

我对这本书最初的设想，是希望通过一系列照片来展现中国和她的人民，她的艺术、习俗，各地的风土人情，我希望能将我在这个国家的所见所闻如实地传递给我的读者。

1870 年下半年，“我将向北前往厦门，这是外国人最早到达的港口之一”。从汕头到潮州府城再到厦门，这是他的旅行轨迹。

在潮州，他留下了四张相片，两张湘子桥、一张三元塔、一张凤凰塔。按他透露的顺序，水路由南至北，三元塔是他最先看到的潮州风物。《中国与中国人影像》一书中的照片是按他旅行的顺序排列，书中收录两篇图文，《中国南方的塔》在《潮州府的桥》前[1]。因此推测这张照片是在今天潮州市境内拍下的第一张，其规格是 25.5 厘米 × 30.5 厘米。

三元塔始建于明万历三十三年（1605 年），竣于万历三十五年（1607 年），由户部侍郎林熙春（1552—1631）倡建，矗立于潮州府城东南边江东洲的鲤鱼山上。传说当年建塔时，运送材料的工棚桥延伸三里路至江东龙口村。塔基石、压檐石、室板石、砖条、灰沙等材料大部分要从龙口村起运，用圆木条置于桥棚上，再用杠杆传递的办法运送上去，还在塔基周围搭建杉木、竹架施工，前后历时三年建成。不妨想象，当时的工匠建造它时喧嚣的场面，也不妨想象，建成之时，三元塔的美轮美奂。

1870 年的鲤鱼山还没有什么树木，有石阶通顶，很方便登临游览。想必汤姆逊乘船经过时就被其吸引住了，于是决定一探究竟。

这座七层的砖石结构塔，高约 51 米，塔围宽 46.6 米，基围是用花岗岩石砌成，上刻虎狮等走兽。塔平面为八角形，楼阁式砖石塔，塔身中空，有螺旋石阶可登，直至塔顶。塔身首层、二层为石构筑，三层以上除塔檐之外，余皆为青砖构筑。各层塔心室的藻井由花岗岩石拼成，分别雕刻八卦图、玉兔桂树、双鹤祥云、鹿含灵芝等祥瑞图案。塔门向西北，匾额楷书刻“三元塔”三字。塔门石刻对联：“霞标插汉三千界，砥柱当潮九万程”。塔第五层内壁刻有户部侍郎林熙春撰

[1] 三元塔照片在书中被汤姆逊标注为 18，湘子桥照片被标注为 19。

写的《三元塔铭》，铭曰：“凤城之东，吉水一泓。两山对峙，万派朝宗。左昂右逊，华表偏隆。时维万历，群议攸同。乙巳建塔，丁未竣工。负巽抱乾，一柱凌空。路从内转，不觉身崇。牖窥星汉，檐散氛风。天地为小，云阶可通。影摇金刹，砥柱潮中。法轮永固，灏气新钟。元魁辈出，国泰民丰。”

约翰·汤姆逊在书中描述了三元塔，以《中国南方的塔》为题撰文。

照片右侧临江处可以看见几个坟墓，一直以来，这里就是一片乱坟岗，人们对塔以及周边都怀有一种畏惧心

这张照片上的塔可视为散布于中国南方无数宝塔的一个代表作，它矗立在韩江右岸，靠近潮州府城。

与这类建筑的其他优秀范例一样，它的台基用石头建造。塔身有七层，每层的平台都与外面的平座相对应，里面有一道旋绕的塔梯可以通往顶层。每一层的平座上原本都有石制栏杆，嵌在同样材料制成的望柱上。这些栏杆现在大都被损毁了，但保留下来的部分还是充分地展现了栏板与立柱之间榫接结构的技巧与美丽。

照片右下角应为被毁前的吉祥寺一角。吉祥寺相传由潮州刺史陈元于唐开元二十五至二十七年（737—739年）创建，建筑风格与潮州开元寺相仿，迄今越千年。寺历沧桑，多番修葺重建。1939年，吉祥寺遭日寇烧毁。1993年11月19日，县宗教局批复镇政府同意修复，在原址上进行轰轰烈烈的重修，然而工程最后半途而废。今日，在原址上仍留着那重修一半的施工现场，与地震后裂损的三元塔形成残缺的映照

从塔顶站立的人的比例来看，塔高约两百英尺。站在塔上，四周的河道乡野尽收眼底，不禁让人猜想这些塔最初便是作为瞭望塔而建造的，从这儿望开去，敌人的任何行动都一览无余。

这种理论是有据可依的，在中国南方，塔建得多的地方，往往就是容易遭受外敌入侵的地

方，从古至今，战乱纷争不断。这些塔修建的位置也表明它们兼有灯塔和瞭望台的功能，因为它们几乎无一例外地都建在靠近河岸的某个制高点上。当然它们主要还是作为一种佛教纪念物而存在，许多都建于佛教在中国传播的早期，我相信这种新信仰的传播者一定从他们在印度所遭受的挫败中吸取了教训，因而当他们来到一个新的国家，他们决定采用一种不是那么异样的方式来保存他们的信仰和乔达摩的遗物。宝塔这种建筑是中国特有的，我在柬埔寨、泰国以及其他所有佛教盛行的国家都没有见过类似的建筑物。

▲ 这张规格为 25.5 厘米 ×30.5 厘米的玻璃底片右上角，汤姆逊用铅笔写上 “Pagoda Kwangtung China（宝塔，广东，中国）285”

在中国南方，汤姆逊见过许多塔，但对他来说，这座塔是 16 世纪这种建筑类型中最好的，无论是建筑工艺还是质量，都首屈一指。当他走进塔门，经过拱道到达首层，肯定被那条巨龙般的塔梯震撼住。塔梯由巨大的花岗岩砌成，下方没有任何支撑，单凭结构石块垒叠而起，整体呈螺旋状倚空而上，有如悬空而建。在昏暗的塔身内，显得古老而神秘，叫人不敢久视。当时塔身内室还保留有部分壁画，其中二到五层更设有壁龛，自下而上分别供奉有道教的元始天尊、灵清天尊和道德天尊（后于“文革”时被破坏）。显然这不是他在柬埔寨、泰国以及其他所有佛教盛行的国家看过的样式。登顶后，他眺望四野，清楚地看到江面在此处变窄，鲤鱼山与对岸的虎头山两岸对峙，形成险峡，深涧激流，落差丈余。他并不知道这一带因此被叫急水埠，三元塔也另名为急水塔，而且当地还流传着自古行船的人如能顺利经过此处，便要写家书报平安的说法。汤姆逊只是根据自己的理解，认为三元塔是个起瞭望和警示功能的塔。实际上，所谓“三元”，即是“乡试、会试、殿试”分别得第一名的“解元、会元、状元”。有诗云，“塔作笔，仰写天上

可以清楚看见塔刹的鉎铁葫芦以及顶层站立的两个人

文章”，三元塔便是倡建者林熙春对家乡科举考试的祈福。这位对中国文化缺乏很深了解的老外，对这类“几乎无一例外地都建在靠近河岸的某个制高点上”的塔的理解有些想当然，虽然这类塔的确也具备他说的某些功能，但其立于水边，多数基于风水考虑——或镇邪气而保平安，或利读书而旺功名。

汤姆逊将这张照片编号为“285”，上面还附有这么一句话：“从塔顶站立的人的比例来看，塔高约两百英尺。”

这是个非常有意思的事情。早期的技术相机实际上就是一部光学测量仪。利用移轴透视矫正功能使成像符合实际视觉比例，在取景时便可直接利用人作为参照物测量塔的高度。放大照片，在塔的顶层确实站着两个人，他们穿着白衣服，其中一人戴了顶帽子，不像是中国人。

他们是谁?

翻阅资料，汤姆逊曾和美国汉学家、传教士卢公明（Justus Doolittle，1824—1880），苏格兰籍传教士、医学博士马雅各（James Laidlaw Maxwell，

↘ 链接：卢公明和马雅各

卢公明出生于美国纽约的拉特兰（Rutland），毕业于汉密尔顿学院，后来又在奥本大学神学院进修。他经过考虑后，选择中国作为他的布道地，从神学院毕业后很快就和他的妻子坐船前往中国，于 1850 年 5 月 31 日在福州上岸。在福州，他经过历时 14 年细致而持久的社会观察，在 1865 年整理出版了《中国人的社会生活》一书。他还对中国的语言有研究，写了本《英华萃林韵府》。

而马雅各则是苏格兰人，在爱丁堡大学学医，后在英国皇家布朗普顿医院工作，1864 年被送往台湾传教。马雅各 1865 年 6 月 16 日在台南租屋开设医院传教，直至 1871 年，马雅各离开台湾返回英国。1884 年重返台南，1885 年因妻子病重一同返回英国。

1836—1921），在那段时间一同游历，因而很有可能是这两人。

三元塔建成至今 400 多年，在可查证的文献中均未出现过官方的修葺行为。在汤姆逊的照片中，我们可看出当时塔身已有明显残损，但每一层平座的石栏杆仍有部分构件残存，这不禁让人想象起当年初建时人们凭栏的情景。

1918 年正月初三午后，南澳发生 7.8 级强地震，波及潮汕平原。这场地震将三元塔六层以上塔身直接震塌，第六层内室崩去一角，塔刹的銈铁葫芦下落不明，后人对此众说纷纭。自地震以来，这种情形依然保持着。因为这张照片，我们终于见到一个完整的三元塔，其塔刹造型也颠覆了长期以来民间对它的错误描绘。这张照片，于是显得格外珍贵。

▲ 1875 年在法国出版的《世界各地》（*Le Tour Du Monde*）上半年刊，画家根据汤姆逊拍摄的三元塔制作的铜版画

↘ 链接：潮汕大地震

▲ 1919 年 4 月 1 日出版的《东方杂志》里关于潮州当时地震现状。图为倒塌的百代文宗坊

1918 年 2 月 13 日下午 2 时 7 分，潮汕地区发生震级达 7.8 级的大地震。震中位于南澳岛东北约 10 千米的海底，即北纬 23.5 度，东经 117.2 度。一瞬间撕裂潮汕大地，造成重大破坏和人员伤亡。这是 20 世纪中国南海近海唯一一件有海啸发生的地震，也是有历史记载以来广东最严重的一次地震。1919 年 2 月 13 日原台湾总督府台北测候所出版发行的《台湾气象报文第六集》有这样的描述：“潮州城内十分之二的房屋倒塌，十分之四的房屋损毁严重，城内 30 人死亡，城外死伤无数，城外西门娘妈宫所在护城池干涸，韩江北堤裂开，其中龙母庙前裂开数十丈，有决堤危险，并且临近韩江春季汛期，需要加紧修复，江东急水塔塔顶震塌。”

◀ 凤凰塔

凤凰塔：那个被忽视的塔

可以看见凤凰塔塔刹的空心青铜葫芦及葫芦底座的样式。此外，汤姆逊继续利用人站在塔顶来做参照，估算塔的高度

塔基石阶处的石狗

当时在江边还有几个洗衣服的人

汤姆逊拍下三元塔后，溯江北上，看到了凤凰塔。

凤凰塔得名于与之隔江的凤凰台，俗称涸溪塔。它始建于明万历十三年（1585 年），由当时的潮州知府郭子章倡建，清康熙三十年（1691 年）进行大修。凤凰塔坐东南朝西北，高九层（初为七层）47.72 米，为平面八角形楼阁式砖石塔。塔基须弥座及一、二层集中了该塔的主要装饰艺术，刻有龙、凤、鹤、马、羊、鱼等祥禽瑞兽和奇花异草及力士等石刻浮雕图案。另外一、二层为整齐条石砌筑，用丁头拱逐层承石梁挑出塔檐。三层以上为青砖构筑。二层到五层每面错开四门，六、七层只开三门，而塔刹为空心青铜葫芦。塔门匾额“凤凰塔”以及柱联“玉柱擎天凤起丹山标七级，金轮着地龙蟠赤海镇三阳”为郭子章所书写，二层有石匾“万代瞻依”。

这张规格为 30.5 厘米 × 25.5 厘米的照片（上页）构图精巧，塔被放置于画面的黄金分割处。当时江上是一片沙滩地，宝塔挺立其中，塔后方有葱郁的竹林和榕树。仔细看，塔基的石阶处，还有一只石狗。据涸溪村的老书记阮德贤回忆前辈人的描述，在凤凰塔前确有石狗。而凤凰塔的石狗何时立起，又于何时消失在历史中，没有资料对其有更多记载。

1921 年，著名收藏家、富有的美国药商亨利·威尔康购得这张照片后，还对照片做了以下描述：

汤姆逊标记这张照片为 286，是座被人忽视了的、在江边旷地岩石上的塔。塔后面有几棵树，塔左边有几个人。照片上端和左侧汤姆逊用蓝色粉笔标识了边缘。这座塔不同于编号 285 的塔（三元塔）。

的确，这座塔不同于三元塔，它建成时间早于三元塔足有 20 年。民间还传说建塔工匠是三元塔工匠的师傅，并有师徒斗法之说。虽无实际根据，但将韩江沿岸这两座石塔生动地串联起来，形成对比，也说明当时建筑技艺的高超。实际上，水路功能退化后，这座"被人忽视了"的塔因为靠近古城，反而比三元塔的关注度更高。自清代龙湫宝塔倒塌后，凤凰塔还代替了此景成为潮州八景之一。

↘ 链接：约翰·汤姆逊

汤姆逊 1837 年 6 月 14 日生于英国爱丁堡，19 世纪 50 年代开始在当地一家光学设备厂当学徒，于 1858 年左右结束他的学徒生涯。正是这段经历让他掌握了摄影原理。之后，他又经过几年的学习，完成哲学、数学及化学的学习并成为苏格兰皇家社会艺术学会的会员。1862 年，年满 25 岁的汤姆逊前往新加坡，与其兄长在当地开办照相馆，成为一名专业人像摄影师，从此开始他为期十年在亚洲最为人铭记的旅行时光。其间他花五年时光漫游亚洲一些国家，去过印度、斯里兰卡、泰国等，并最早用影像记录下吴哥窟。1870 年他开始了历时两年的中国之旅，此前三年，他在香港学习汉语和中国文化，并几次前往广东进行短途旅行。在这两年里，他从广东进入福建，先后游历了华东和华北，到达北京后又南下长江流域，行程近万公里。结束中国之旅之后，他于 1872 年回到英国，之后出版了几本在摄影史上极具影响力的书。汤姆逊于 1921 年 9 月 29 日去世，他的超过 600 幅摄影作品被威尔康图书馆（Wellcome Library）收藏。他是世界纪实摄影的先驱，也是那个时代最具影响力的摄影家之一。

湘子桥 ▶

潮州府的桥

约翰·汤姆逊于1870年拍摄了两张湘子桥照片，是这座桥最早的影像记录。第一张收录在其《中国与中国人影像》一书中，并配有《潮州府的桥》一文。照片规格为30.5厘米×24厘米。

潮州府位于韩江口内二十五英里的地方，口岸所在的汕头归其管辖。这一带物产十分丰富。

汕头埠开放通商时，一名英国官员被指派到潮州府，因为那是当地政府所在地。在城墙内设立领事馆的想法被多次提出，但由于领事屡遭当地臭名昭著的“暴民”攻击，最终还是放弃这个计划。

潮州府是个被城墙围起来的城市，规模不小，在商贸上十分重要，它星罗棋布的货栈、交通繁忙的街道以及江面上川流不息的本地船只便是最好的证明。这里的桥可能是中国最有特色的一座了，与古老的伦敦桥一样，潮州府桥也是一个为各类店铺和小生意提供场地的市场。桥上房屋用轻质材料建成，样式简陋，人们却在狭长的桥面上最大限度地营建一个市场。单从卫生角度看，建在水面上的这些房屋倒也有很多好处。

桥的支撑结构更是展现了这里的人民的聪明才智，砖构部分都建在桥上，以自身重量稳稳压住两根托架，以此支撑房屋较轻的部分，中国人用这种方式构建起寺庙和宫殿的屋顶。虽然这些桥屋的建筑样式没什么引人眼球之处，但阳台上的花还是让人欣喜地看到居民在美化环境上的一些用心，在中国，即使

↘链接：Chao-chow fu 和 Teochew

清末民国时期，英文中“Chao-chow fu”指潮州府城，即现潮州市古城区一带；“Teochew”指古潮州府地区，即如今的潮州市、汕头市、揭阳市及梅州市的丰顺县，至今东南亚国家仍以此指代潮汕地区。

是最穷的人家也会在房前屋后种上一些花草。若不加以解释，读者一定会困惑于桥上悬挂的那两个木架子的用处。这是一种形式上的吊桥，当把它们垂放下来时，不但能阻止船只通过，还能抵挡黑夜里在桥下穿行的魑魅魍魉。

在我游览期间，除了我之外，这里唯一的外国人是一名英国副领事。拍这张照片时，为避开人群，我特意起了个大早，当我将镜头对准那摇摇欲坠的房子，这里的人以为我是在施展某种巫术，是在诅咒这座古桥和桥上的人们。摊贩们于是都关了店门，跑了出来，我想应该是因为他们见过那些给他们制造过麻烦的洋人。

很快地，这些市井小市民们一致“对外宣战”，他们朝我扔各种各样的东西，石头和土块雨点般从我头上飞过。我蹬开一艘已驶到我手边的船，当它再次靠岸后，我发现我还是能占到上风的——我用三脚架撂倒一个企图阻止我拍照的“暴徒”。我相机罩子掉了，一只眼睛被飞来的土块打肿了。不过，我还是坚持下来，损失也不大。可以说这座桥是被我用三脚架攻取下来的。

这就是汤姆逊笔下生动描述的，潮州人最熟悉的、最引以自豪的湘子桥（亦叫广济桥）。它始建于南宋乾道七年（1171 年），由太守曾汪倡建，是古代闽粤交通要道，为中国第一座启闭式浮桥。它与赵州桥、洛阳桥、卢沟桥并称“中国四大古桥”，其起点是在今日东门街的桂芳街口东侧，全长 600 米。湘子桥初为浮桥，由浮船连接而成，后自两岸向江心筑墩，至 1228 年建成 23 墩。明宣德十年（1435 年），潮州知府王源主持重修，桥上修筑楼阁 12 座，桥屋 126 间，并统一名称为广济桥。王源重修后，从广济楼计算，桥全长则为 570 米。正德八年（1513 年），知府谭伦增建一墩。嘉靖九年（1530 年），减船六只，形成目前十八梭船廿四洲风格。清雍正二年（1724 年），时任知府张自谦再修，并铸鉎牛二只，分置西桥第十一墩和东桥第十三墩，意在“镇桥御水”。现存古桥墩 20 座，为全国重点文物保护单位。

透过汤姆逊的镜头，我们能一窥 140 多年前那个如今看起来陌生的湘子桥的某个瞬间。这里还有一段在《镜头前的旧中国——约翰·汤姆逊游记》中的描写：

◎透过放大的镜头，我们在这张安静的风景照里看见了那些对摄影惊奇万分的府城人

在潮州府时，有一天天还没亮，我们就起床了，去江边拍一座古桥。可我还是天真地认为是因为早起才没遇上成群的“暴徒”。在桥上有个集市，就在天要大亮时，装满农产品的苦力车长龙般从四面八方涌来。这时我正好在我们小船停靠的岸边不远处拍照，一群人大喊着向我冲过来。在这阵人流中，我急忙把相机从三脚架上旋开，为了相机里那些未冲洗的胶片，我把器材夹在腋下，举起我的铁制三脚架，像端着枪一样对准向我逼近的敌人；同时背退到江边，爬上了船。

◎桥墩下站着的两个人

根据他这些描写，放大这张照片，我们可以看到一个看似安静实则充满喧闹和紧张气氛的场景。由于当时拍摄器材和环境的限制，照片需要较长的曝光时间，桥上的人因此晃动而不甚清晰，但仍可辨认出画面中至少有 20 人：枯水季节，桥墩下干涸的沙滩上站着两个人；四个石墩上的阁楼里都站着一些人，从左至右，分别看得到是四人、两人、两人、一人，他们有的倚在栏杆上，有的探出了头；桥面竹栏的缝隙间，人们熙熙攘攘挤出身来，其中一人还将头伸到竹栏上端；第四个阁楼的外墙边，还有个男孩立于石墩边缘。仔细端详这些人影，我们似乎能听到好奇的清代潮州人围观的喧闹声。想象一下，清同治九年（1870 年），没见过摄影术、没见过白人的潮州人，面对正在拍照的汤姆逊的心理状态，正如汤姆逊所描述的：“他们很快想到我是在施行某种邪恶的法术，会不利于这古桥和桥上的人们。”

细心的汤姆逊还观察到了桥上阳台上的花。“阳台上的花还是让人欣喜地看到居民在美化环境上的一些用心，在中国，即使是最穷的人家也会在房前屋后种上一些花草。”我们可以看到在每一个屋子外的确都种有几盆花，不禁猜测，它们是否是红花仙草[1]。

汤姆逊可能对这座桥和桥上的人太好奇了，在《镜头前的旧中国——约翰·汤姆逊游记》中还有另外这么一段专门的描述：

潮州府的大桥与福州的一座横跨闽江的大桥有些相似。它是一座石桥，有很多桥墩，近似方形的桥孔可供船只从桥下通行。在堤道上，一排房子临江而建，从远处望去，这些建筑物就像跨在桥梁的栏杆上，其高度的四分之三好似吊挂在溪流上。的确，这些房子看上去像是一个整体，只有从倚靠在桥梁的前砖墙上，才能看出一间一间的房屋。

至于建筑物本身的结构，是由一些长木柱托起，邻接建筑物扶壁下面的突出部分，像三角形托架的支撑物一样，起着支撑房屋的作用。这就是被建筑学称为“不牢靠的”建筑形式。桥上还是城里的一处大集贸市场，在那里，我发现了一些商人的住所和店铺。他们在那里经商，也在那里睡觉，平静地等待着有那么一刻，带着他们和那破旧的小屋一起走进泥泞的坟墓。但他们仍有一些办法来保护他们自身的财产和生命安全。在每个拱门上方，悬挂着两个薄木框，房主在夜间将其放下，以阻止坏人企图进入他们的住所。不用说，这是一种普遍且行之有效的防范设施。

两个吊起来的薄木框

从照片中可以看见，在第一和第二个桥墩间隔处，有两个梯子似的架子半悬空中。关于这个画面，前面《潮州府的桥》一文中写道：“这是一种形式上的吊桥，当把它们垂放下来时，不但能阻止船只通过，还能抵挡黑夜里在桥下

[1] 潮州人所说的红花即石榴（*Punica granatum*）的花，仙草则是小槐花（*Desmodium caudatum*）。红花仙草是潮州人家驱邪避晦的两种常用植物。

穿行的魑魅魍魉。”而这里又再次提及这两个梯子似“薄木框”：“在每个拱门上方，悬挂着两个薄木框，房主在夜间将其放下，以阻止坏人企图进入他们的住所。不用说，这是一种普遍且行之有效的防范设施。”

事实上，这两块“薄木框”是当时潮州府财政收入的关键。历史上，湘子桥作为闽粤海盐运输重要的关卡，地方政府收取来往盐船的税。“薄木框”用于截拦过往船只，有学者认为甚至可以将其作为解读潮州文化经济基础来源的密码。

相比之下，下页另一张显得静谧的潮州府的桥常被人忽略。这张照片摄于韩江东岸，可看到 11 个桥墩和首次被影像记录的东门城楼。画面中同样能见到桥上围观的人群，第一个桥墩上有两株大榕树，桥下停泊着一艘乌篷船。流动的江水

▲湘子桥的概貌

因曝光时间长的缘故而平如镜。照片上还可以看见玻璃板破裂造成了画面的缺失和裂痕。

1920 年，已 83 岁高龄的汤姆逊曾接触过收藏家亨利·威尔康，问他是否对收藏自己在东方拍摄的照片有兴趣。可惜事情还没谈成，他便因突发心脏病去世。威尔康最终从汤姆逊后人手中把这些照片和底版都买了下来，先是存放于他的历史医药博物馆，后来又成为伦敦威尔康图书馆的藏品。但在此后半个多世纪的时间里，装有几百张照片底版的三个大箱子一直尘封在威尔康图书馆的仓库中无人问津。直到 1981 年，威尔康图书馆才开始对这些照片进行整理编目和研究。也因此，我们得以清晰地触摸到近一个半世纪前的潮州，我们得以相信“时间隧道”的真实存在。

礼荷莲的镜头

她是英国基督教长老会的传教士。1888 年，她到厦门传教，随后于 1889 年被派到泉州，开办了一所教会女校。1895 年，她还在泉州驿内埕创办了一所盲人学校，名为“指明堂”，是中国最早的盲人学校之一。学校由女宣导会提供经费，不收学费，同时赠予学生衣食书本。早年在英国时，这位女传教士就开始接触和学习盲文，研究用盲文识字明理的方法。在中国期间，她根据当地方言创制出新的盲字法，还在学校里教授盲童编织等手艺，让盲童还能够有一技之长。为达到传教目的，她用一种罗马字音标的闽南白话文进行布道，接纳和培养本地人当牧师。

1906 年，她因病回国，盲人学校也随之停办。直到 1930 年，她去世。

她一生有 18 年传教于中国，在中国期间，她还给自己取了个好听的中国名字：礼荷莲（Lilias Graham）。

对了，礼荷莲还有另一个身份：摄影师。

她用的是什么相机，我们不甚清楚，只知道她相册里有 170 张照片和 55 张彩画，大多创作于厦门和泉州。礼荷莲不像汤姆逊一样将他的拍摄故事记录下来，她只做简单的图片注解。她何年去的潮州，我们亦不甚明了，只看到她在潮州拍的三张照片。

19 世纪晚期繁忙的湘子桥

湘子桥是礼荷莲拍摄的三张照片之一，广济楼第一次被记录下来，照片中可见湘子桥上繁忙的景象，她写道：

这是广东潮州府一条由无数船只组成的桥，穿过它，另一边是一个居民区。

礼荷莲拍摄的这张湘子桥照片（下页）在她 170 张照片中编号是 83。其中一张拍于福州的照片编号是 25，她标注拍摄日期为 1895 年；另一张编号为 166，是在厦门拍的，标注时间则是 1897 年。或许可以推测这张照片是在 1895—1897 年间所摄。

那三年，是清光绪二十一至二十三年（1895—1897 年），社会动荡，潮州却因偏安一隅，经过明清的发展，经济、文化达到封建时代的鼎盛。

这是一张画面饱满、构图讲究的历史照片。摄影师当时是站在湘子桥东桥桥墩的高位向府城方向拍摄的。因此，画面的起点是她前边的 16 艘相连的梭船，尽头则是广济楼。梭船的两侧还停泊着数量颇众的乌篷船，左下角的其中一艘船的船身还画有求平安的八卦图。那些穿着清代服饰，留着长辫子的人们在两岸间往来穿梭，有乘轿子的达官贵人，也有担着重物的平民百姓。看着照片，似乎能听到喧嚣的叫卖声，江水拍打船只的浪花声，人们走在木板上吱吱嘎嘎的声响。我们借此看见一个真实的 19 世纪晚期的潮州社会。

远处的广济楼，屋脊还有两条龙的嵌瓷

船舱中探出头的三个人好奇地望着镜头

照片右下角，可以看到两名抬着轿子的轿夫，前者一只脚抬起来架在连接梭船的木栏杆上，身体倚靠轿子

▲湘子桥上繁忙的场景

▲满山遍野的坟墓

真实的“杂过葫芦山”

潮州有句俗语：“杂[1]过葫芦山。”用来比喻事物的杂乱不堪。因旧时人们生活困难，潮州城又小，城里人死后只能就近在葫芦山上安葬，遂成乱葬岗。

葫芦山后因山脚下建西湖公园，亦称西湖山。“潮州西湖山始于唐，著于宋，盛于明，而芜于清”，饶锷所著《潮州西湖山志》序一如此写道。与如今山上树木葱郁的景象不同，清末的西湖山荒芜、阴森，礼荷莲130多年前拍摄的这两张照片，直观呈现了那句俗语的内涵。

可以看到一块墓碑上写着“皇清·考登仕佐郎宗□石公；妣例赠德人孝恒罗”。如今的潮州市高级实验中学里面仍能看到铺在地上的一些墓碑

或许当年漫山让人产生密集恐惧症的坟墓震撼住了礼荷莲，在潮州她拍的三张照片中有两张便是关于“杂过葫芦山”的。要知道，那时候拍照并不是件简单而便宜的事情。

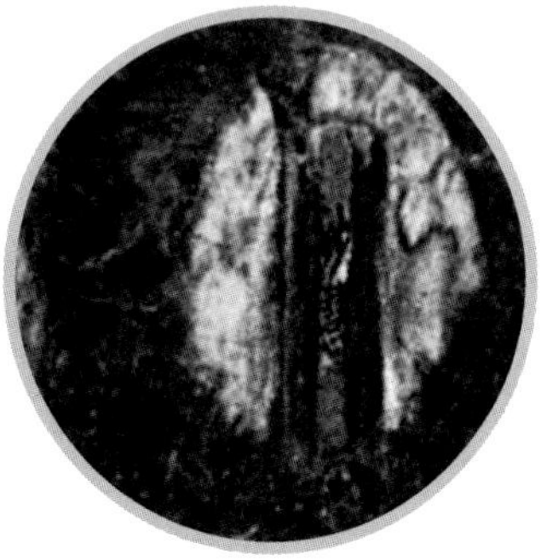

一块写着“妙慧”的墓碑下或许是个僧人的墓

从城的概念看，古代的城是用完整的城墙包围起来的，今天的潮州城只保留和重修了韩江边上从南到北一段城墙，而西边西湖山上留下的几小段残垣也只能供后人想象。然而，因为礼荷莲的镜头，我们不但真正“近距离看潮州府外一个山坡上的坟墓”，关于城墙的概念，也似乎更加完整起来。

[1] 杂，亦有用“什”或用“实”。

▲《潮州府城墙外的坟山》与上一张照片一样拍的是西湖山，从更大的广角上看到完整的城墙和西湖山全景。礼荷莲的拍摄点应该是在时钟楼上，当时时钟楼是潮州最高的建筑，那里望过去恰好是这个位置。照片近处是民居，高光的内城墙将西湖山和这些民宅隔开

记者阿诺德主编的书

1908年，英国劳埃德大不列颠出版有限公司（Lloy's Greater Britain Publishing Company,Ltd.）出版了一本关于中国的书，书名为《20世纪香港、上海和中国其他通商口岸印象：他们的历史、人民、商业、工业和资源》（*Twentieth Century Impressions of Hongkong, Shanghai, and Other Treaty Ports of China: Their History, People, Commerce, Industries, and Resources*）。这是一本有848页、图文并茂的英文书，主编是英国人阿诺德·莱特（Arnold Wright），副主编是卡特莱特（H. A. Cartwright）。

阿诺德是个颇有传奇色彩的人，他的身份是记者兼旅行家。他在1888—1900年期间担任《约克郡邮报》伦敦版的编辑，在此之前，他在印度待了8年，担任《印度时报》特约记者。在1906年他拜访了斯里兰卡，并写成《二十世纪锡兰印象》。同时，他也是《议会：过去和现在》的作者之一，这书使得他获得了极高的声誉。1933年，他被列入授予公民退休金名单，以表彰他在文学作品上的成就。阿诺德在伦敦的吉尔福德镇去世，终年83岁。

正如书名所示，这是一本向英国介绍中国沿海通商口岸的书，作者乃在华各地的记者，他们到实地考察采访后形成图文。但书中关于潮州府的文章及照片并未标注出作者姓名。

沿途风景迷人的潮汕铁路

潮州府是当地政府所在地，从汕头出发很容易到达那里，整个行程约一个半小时，共24.5英里。铁路是由日本人建造，造价200万美元，服务于一个新加坡的华人财团。工程于1904年动工，1906年10月25日竣工，至今没运输过任何货物。

▲关于潮汕铁路的页面

火车头和轨道均为美国人制造，而车厢及工作人员却都来自日本。铁路沿线风光迷人：柑园、稻田和烟草农场，中间点缀香蕉和柿子树，还有些菜地。

书中有一文介绍潮汕铁路，共配有五张相关照片。标注为“1”的是潮汕铁路开通时的典礼现场。标注为“2”的是潮汕铁路公司的其中一列火车。标注为“3”的是汕头站。标注为“4”的是机械库。标注为“5”的那个身着清代官服的人是当时的管理局局长张煜南。

潮汕铁路是曾位于广东省潮州市与汕头市境内的一条铁路，也是中国近代史上第一条商办铁路，由嘉应籍华侨张煜南、张鸿南兄弟等人集资兴办，1904年8月19日开始修建，1906年11月16日通车，包括支线实际全长42.1公里。

▲潮州府城全貌

有趣的潮州府

潮州府长为3.2公里，宽为1.5公里，四周高大城墙上满布青苔，墙上有为架大炮而做的防御工事，城里住有约12万居民。

矗立宏伟石柱的罗马式天主教堂完工于1905年，它是城里第一个引人注目的建筑，站在高耸的塔尖望开去，感觉上火车站离得很近。它的建成是由神父的坚持不懈换来的，为此，他经历数年艰苦卓绝的努力，终于使教堂在一个曾经是池塘的地方建起来。

城里穷苦人家生活在狭窄的街上，他们腾出地方经营售卖许多外国的和各类型商品的店铺，而往前，沿城墙的路旁则是精致的民宅院落。

阿诺德的书中还有一篇文章描写了这么一个有趣的潮州府，并配有一些照片，其中有一张潮州府全景图（上页）。画面中，田里新秧刚插上，那时的西湖是护城河的一部分，隔着河水，是保存完好的城墙。这段城墙从旧西门街前起，到城河头，在新中国成立初期拆城（墙）填（护城）河时被拆除，也就是如今的环城西路。城墙内，民居厝落鳞次栉比，远处似有袅袅炊烟。时钟楼，那个当时全城最高的西式建筑的存在，一时间让人觉着仿若身处某个欧洲小镇。这个潮州城，多少让人感到陌生。

接着文章从潮州府城内跨到韩江对岸的韩山去，并配上了韩山周边以及“在我看来，这是非常难的技艺”的石刻碑文照片：

◎城里最引人瞩目的罗马式天主教堂

潮州府有许多有趣的地方，譬如有一座由船连接而成的桥横跨韩江之上，一端指向闻名的韩山。韩山高而翠绿，山上竹林下蕨草茂盛，古老的韩公祠就坐落在那里，它是为纪念唐代圣人、哲学家韩愈而建。祠内有许多经典题词刻于岩石上，在我看来，这是非常难的技艺。如今韩公祠是个公立学校：神像已被移

There are many sights of interest. A swinging bridge of boats across a branch of the River Han leads to the famous Han San, a mountain looming green and high, with bamboo groves and clusters of ferns on its sides. Here is situated the ancient temple of Han Kung Tze, dedicated to the manes of Han Boon Kung, a sage and philosopher, who flourished under the Tung dynasty. There are some classic inscriptions on the massive granite slabs, and with great difficulty impressions of them have been obtained for inclusion in this work. The temple is now a Government school: the idols have been removed, and in the stately halls sit young lads imbibing from foreign teachers the wisdom of the West.

The great Buddhist temple of Kwanyin, the goddess of heaven, is situated in the heart of the city, its gate guarded by four huge monsters, hideous of mien, and grotesquely carved. Worshippers chew paper, and throw the pellets at the bodies of these monsters, fully believing that luck will follow if the pellets stick. The image of the goddess, of cunning workmanship, is secluded by embroidered hangings and gilded screens, and high up in the mystic rafters hangs an enormous bell of full and silvery tone. A kitchen, erected four hundred years ago, contains seven huge iron pots and cauldrons, wherein former generations of monks boiled their rice and water.

The mountain Kam San may be reached in chairs, and from the summit, approached by steps, an enchanting view unfolds itself. What is now a Government high school, in the neighbourhood of the mountain, was at one time occupied by General Fong, who, though himself a sybarite of the first order, maintained such perfect discipline in the district by cutting off the heads of thousands of malefactors that his name has become a by-word for justice and cruelty. The mountain is strongly fortified; nests of modern guns being concealed under evergreens and waving banana trees.

The Sai Fu temple is renowned for the deep cuttings in the solid rocks, containing, in addition to the usual moral maxims of Confucius, a number of pieces of poetry made and cut by amateur poets, inspired by the genii of the mountain and the compelling beauty of the surroundings.

A short distance to the north of the city are located the widely known hot and cold mineral springs of Jao Ping, accessible in a few hours either by chair or boat. The journey from Cha'o-chow-fu occupies seven or eight hours, and the traveller is well repaid by the beauty of the scenery in the neighbourhood of the springs. The waters are charged with sulphur, soda and other minerals and with natural carbonic gas, and have valuable therapeutic properties. The town of Jao Ping itself is without much interest, its inhabitants, for the most part, being engaged in agriculture.

HAN SAN AND VICINITY.

HIS EXCELLENCY WOO SHṲ.

His Excellency Woo Shṳ, the Taoutai of Chao Chow, was born in the Yunnan Province of China in 1860. Educated at Peking, he secured the highest degree of the Chinese Imperial Academy (Han Lin Yuen Phien Shui). He was appointed Censor of Peking and Judge of the South Gate, and was afterwards promoted to be Censor for informations and Memoralist of the provinces of Kiangnan, Shantung, Kweichow, and Chihli. Then he became Chief Examiner's Assistant and Censor of the Punishment Department of Peking (Chi Sṳ Chong), and in May, 1906, was appointed by imperial decree to be the Real Incumbent of the Hui, Chao, and Chia Prefectures and Districts, and Taoutai of Swatow. Arriving in Canton in November he presented himself to the Viceroy Chou and was asked to act temporarily as Taoutai at Kau, Lui, and Yang Prefectures. While still in this office he was invited to serve temporarily as Taoutai of the Chung Yai Prefectures, but, owing to urgent affairs in the Kau, Lui, and Yang districts, he could not take up this appointment and, being recalled to Canton, he was Acting Provincial Treasurer and Financial Commissioner for three months, after which he entered upon the duties of the post to which he had been originally appointed by imperial decree. He is now the highest Chinese authority in the prefectures and districts under his control. Owing to his careful supervision, the police force in Chao Chow and Swatow, which was formerly under mercantile administration, has been brought to a high standard of efficiency. His Excellency has recently issued a proclamation to the newly organised police force of Swatow to level the roads and reconstruct a bridge for the convenience of the carriages plying from the Chao Shan railway station to the town of Swatow. He is also organising a Clearing Thoroughfares Department, and is engaged upon several other important and necessary reforms. He is a straightforward,

▲书中有韩山及其周边配图的页面

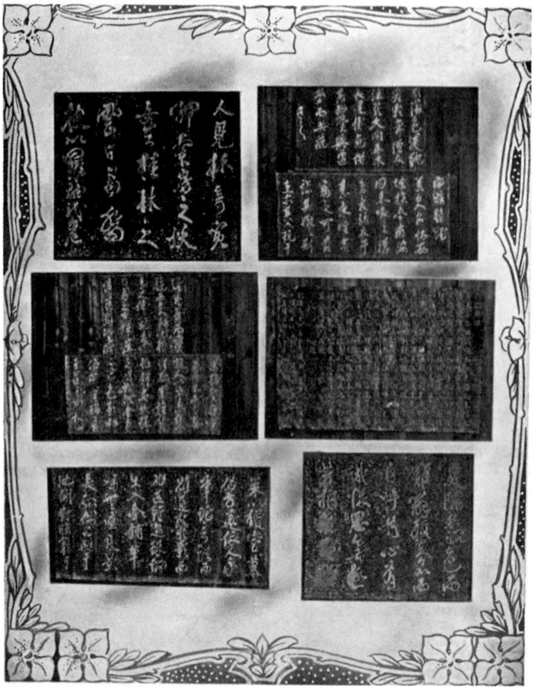

▲韩山碑文

走，庄严的大堂内坐着由外国老师教授西方知识的年轻人们。

最后，文章又回到了府城中央的开元寺。开元寺的建筑及内饰对于信仰基督的西方人来说显然是新奇的，其描述的着眼点也比较与众不同：

坐落在城中央的，是雄伟的佛教寺院开元寺，那儿是神的天堂。守卫大门的是四大金刚塑像，它们表情狰狞、模样怪异。佛像是由精巧的手工打造，刺绣悬于镀金屏风上，银色铃铛吊满神台四周。四百年前就建起的厨房里有七个巨大的铁锅，在此生活的僧人便是用它们来煲水煮饭的。

关于上面这段文字有两张配图（下页），或许是开元寺最早的影像记录。第一张图左侧是阿育王塔，右侧有一名身着白色衣服的赤脚男子，背后则是开元寺大雄宝殿。另一张圆圈中的图显示的是一处古建筑的大门，门口有一对相对而望的石狮。关于这张照片，虽然阿诺德的书中也标明为开元寺的照片，但有网友提出过异议，认为开元寺门口并没有石狮子，更可能是原柳衙巷蔡氏宗祠门口的那对。而在本书后文常盘大定的游记中，却专门提及了开元寺门口破损的石狮（见第 070—071 页）。当然，无图对照，我们亦不能断定就是此对。

by the Imperial Customs at Swatow amounts approximately to Tls. 1,500,000.

There are three post offices—the German, the Imperial Japanese, and the Imperial Chinese; the latter, which is under European supervision, is the best managed. New post offices are being constructed, and, near them, examination halls and quarters.

TEMPLE OF KWANGIN.

There are no public works at present, though a waterworks scheme has been projected. An electric lighting plant was at one time installed by private enterprise, but, owing to dispute amongst the directors upon the subject of finance, the plant was closed down after working only four months.

Among the largest commercial undertakings are those of the Royal Dutch and Asiatic Petroleum Company, Limited (which absorbed the Shell Transport and Royal Dutch Companies, established in Swatow for many years), and the Standard Oil Company. Both are doing a thriving business. On the other hand, the sugar refinery erected at Kak Chieh, by Messrs. Jardine, Matheson & Co., Ltd., was closed, partly on account of the disfavour into which Swatow sugar fell, and partly owing to the heavy taxes imposed by the Government. It remains to this day known as the "white elephant" of Swatow.

The religious and educational institutions of the district are doing useful work. A branch of the English Presbyterian Mission was established in Amoy in 1847, and it was extended to Swatow in 1857, and to Formosa in 1870. There is now a centre in Chao-chow-fu. The Mission has a theological college at Swatow, a high school for boys, with room for forty scholars, and a high school for girls, with accommodation for about sixty. Dr. Lyall has charge of a general hospital, and Dr. Beath of a women's hospital; and there is also a book shop in connection with the Mission. The element of commercialism so often deplored in relation to mission work is entirely absent, as the Mission is self-supporting.

There is also an Anglo-Chinese college, named the "To Chiang," after the river. It was built entirely with Chinese capital, subscribed by merchants in Swatow, half of the sum of $40,000 being given by Mr. Chen Yu Ting. It was commenced in 1905 and completed in the following year, affording accommodation for one hundred scholars. It is under the control of the English Presbyterian Mission.

There is also a branch of the Mission Catholique, under the Rev. Fr. Douspis; while on the Kak Chieh side the American Baptist Union has an establishment.

There are no temples in Swatow of any age or interest, except, perhaps, the large temple, dedicated to the Virgin Mary, on Double Island.

Austria-Hungary, Belgium, France, Germany, Great Britain, Italy, Japan, the Netherlands, Norway, and the United States have Consular representation in Swatow.

There are two clubs, each provided with a billiard room and library. The Swatow Club has two tennis courts, while that at Kialat, on the opposite side of the river, has a fine bowling alley. The use of these clubs by members' wives on certain afternoons for their "at homes" adds much to their value in the social life of the community.

CHAO-CHOW-FU.

CHAO-CHOW-FU, the provincial capital and seat of local government, is easily reached from Swatow, the journey of 24½ miles being covered in an hour and a half. The railway was constructed by Japanese contractors for a syndicate of Singapore Chinese, with a capital of $2,000,000. Work was begun in 1904, and the line was opened for traffic on November 25, 1906, though as yet no freight is carried. The engines and rails are of American make, but the carriages, like the working staff, came from Japan. The line lies through charming scenery—orange groves, rice-fields, and tobacco plantations, interspersed with bananas, persimmons, and other vegetation, succeeding each other in pleasing panorama.

Chao-chow-fu, which is 6½ li in length and 3 li in breadth, and is surrounded by high moss-grown walls, pierced at intervals for cannon, has a population estimated at about 120,000 inhabitants.

The Roman Catholic Church, a majestic pile, completed in 1905, rears its lofty spire near the railway station, and is one of the first objects to arrest attention. It bears solid witness to the perseverance of the sturdy priests, who, after years of unremitting toil and endless trouble, succeeded in erecting it upon the site of what was once a stagnant pool of water.

The narrow streets of the poorer part of the town teem with life, human and animal. They give place to more spacious quarters, where attractive-looking shops display a wealth of foreign goods of all descriptions, and beyond are walled lanes leading to charming residences.

▲书中有开元寺配图的页面

翻开莉娜·约翰斯顿的相册

▲女传教士们的合影

她叫莉娜·约翰斯顿（Lena Johnston），这张照片是英国长老教会[1]的女传教士们在汕头拍摄的合影。后排左三为莉娜·约翰斯顿，第一排中间穿黑色衣服的是贝理夫人[2]。在一本收集有1911年英国长老会在中国期间照片的相

[1] 长老教会（Presbyterian Church）是基督更正教的一派。长老教会简称长老会，即长老宗，也称归正宗，是新教主要宗派之一，以加尔文（Jean Calvin, 1509—1564）的宗教思想为依据，亦称加尔文宗，“归正”为经过改革复归正确之意。在英语国家里，该宗因其教政特点又称长老宗。归正宗产生于16世纪宗教改革时期，与安立甘宗和路德宗并称新教三大主流派别。1847年，英国长老会差会开始向中国传教。

[2] 1887年苏格兰总教区监督贝理（G. F. BBuboiz）逝世后，其夫人便从1888年开始捐款帮助潮汕地区。贝理神学院和宾为邻纪念医院（即今日潮州卫校）都是贝理夫人所捐赠。

册里，有约翰斯顿所收集的四张潮州的照片。这四张照片均是竖式构图，拍的虽然都是寻常巷陌，却给了我们独特的视角。照片是否是她所拍的呢？我们不能确定，照片的说明只写是她收集的。

青龙古庙唯一的影像记录

蔡澜先生在《府城》一文中有句话：

老家府城，旧时相等于日本的京都，到处是古迹。

端详这张照片（下页），蔡澜先生的话显得恰到好处。似乎在古城某个转角处，不经意间地一瞥，便能瞧见一个世外桃源般的角落：男女衣着，悉如外人。黄发垂髫，并怡然自乐。

莉娜·约翰斯顿依旧只为这画面写了个过于简单的注释：

潮州府的街道和庙宇。

可如今，在潮州早已无法寻觅到这景物，让人不禁想弄明白，这一瞬间究竟是在哪？

线索就在照片中间戏台亭阁下的柱子上，其上写着一联字，放大可见："且把今人作古人"。这七个字成为破解这张照片拍摄地的关键所在。经走访求证，从小在青龙古庙附近长大的 90 多岁老人邢锡铭回忆道，当年的青龙古庙，就是潮州人口中的大老爷宫。从宫门出来处有个戏台，戏台的对联是："宜将后辙观前辙，且把今人作古人。"意思是，戏台上演出的人物和故事，对后代观剧的人具有教育启发意义。据此基本能确定这一瞥便是青龙古庙。

这张照片右侧正是放置"大老爷"的神台，古时，戏是做给神灵看的，因而神台正对着戏台。画面中，我们能正对着看到戏台，某种程度上讲，我们亦和拍摄者一道，站在了神的角度。

▲ 潮州府的街道和庙宇

青龙庙始建于北宋，明万历十七年（1589 年）潮州海防同知施所学重修青龙古庙镇水患，奉入王伉神像，号安济灵王。

亭上的左侧楹联

由于历史的原因，青龙庙在“文革”期间被毁，1995 年，由华侨捐资重建。在关于老青龙庙的资料中有这样一段描述：

先前的青龙古庙也须从南堤上东下进庙门，门额“安济圣庙”，可能是宋徽宗赵佶所赐。两边一为神台，一为戏台。从庙后穿过火巷[1]而到庙前的是半月形庙埕。

四个赤脚的孩子，稍大的那个背着一名婴儿，他们都留着辫子

另据退休工程师许世冠老先生回忆：

当年父老曾相传，青龙古庙是以地形和建筑构成的飞凤呈祥风水宝地，风水师解释古庙的位置为“坐乾、向乾、水流乾”，庙宇主体及拜亭为凤头，内侧戏台、神台为凤耳，庙埕带石坎水池为凤胃，古庙左右两片竹园为凤翅，青龙庙巷大榕树为凤尾，从而形成整体的古庙景观格局。

楼台亭阁屋顶有着繁复的嵌瓷装饰，墙上疑似有安济圣王彩绘像

这张照片作为目前唯一能看到的宋代青龙庙影像，弥足珍贵。许老兴奋地指出：

[1] 房屋之间为防火而设的小通巷。

“它为我们提供了古庙后埕、神台侧面及飞檐一角的历史原貌，再加上前有父老相传的全面布局，就给我们构思复原古庙找到了重要依据。”

潮州府的榕树

潮州一条有树和房子的街道。

约翰斯顿给了这张照片一个实在过于简陋的注释。考证这张百余年前寻常破屋老榕的街景照片的拍摄点似是个不可能完成的任务。

直到读到许老的来信，才知晓这张老照片隐藏着府城深处一个不为人知的秘密。他认为，往青龙古庙的道路有两条，一条是南春路的青龙庙巷，一条是竹铺头的南堤顶。竹铺头因聚集竹器作坊和销售竹料的商店而得名，作坊与铺户均以竹料搭建为主。当年南堤顶已种植了许多高大的榕树，竹屋和榕树成了那儿独特的风景线。一方面，再细察前面那张青龙古庙照片，有个卖簸箕的人，从他挑的竹器以及走路的方向就可以推测，他就是从竹铺头经南堤顶走来的。另一方面，英国基督教长老会于 1896 年已在南堤顶建了番仔[1]楼。番仔楼又称番客楼，是旧时闽南地区对中西合璧建筑的称呼。1911 年莉娜·约翰斯顿或随行摄影师来潮州府时，住在南堤顶番仔楼亦是有可能的。那么，如果她要去青龙古庙参观就必然经过南堤顶，路边显眼的榕树和竹屋被其捕捉到镜头中也就不足为奇了。据此，这张照片在南堤顶拍摄的可能性很大。

卖簸箕的男子

◀ 这张有着老榕树和竹屋的特色街道，空无人迹，成了约翰斯顿镜头捕捉的兴趣点

[1] “仔”字，本字正确应称为“囝”。番囝，潮州话中特指外国人。

猴洞深处

传教士们到潮州府最开始的时候，是在一个名叫“猴洞”的地方住下来的。飞利浦·高似兰医生（Dr. Philip Cousland）同时也是一名医学传教士，他在1888年便已经随长老会在潮州展开工作了。

约翰斯顿简短的说明中透露出些扑朔迷离的信息：猴洞在哪里？高似兰是谁？

猴洞位于今天潮州市中山路同仁里8号，它始建于明代，原是明末福建布政使黄琮的私家庭院。其布局精妙，宅第与书斋相连，占地900平方米，庭院面积200平方米。它南起打银街头，对面与中山路相交，北止阿娘宫（慈悲娘宫），西面转接青亭巷，南北走向。内有园林亭阁假山，岩幽洞尤多，相传因清末时庭院的主人在园中养猴取乐而得名。

说起猴洞，有个小插曲。民间传说乾隆年间，潮州知府听说皇上微服私访要来到潮州，想安排其住在猴洞内，遂特意赶工装修，从太湖运来假山石（照片中的石头便是当年从太湖运来的），再用蓝宝石装饰屋檐下石猫的双眼等。可是，乾隆终究没来。

◀ 猴洞那些穿越时光对着镜头的人

猴洞的二楼站立的两位女士，左边是长老会的一名传教士，右边是贝理夫人

左侧是四名妇女，她们好奇地望着镜头。我们可以通过这个历史瞬间，一窥一百多年前潮州女子的衣着

右侧站立着三个小男孩。从他们的衣着来看，当时应该是冬季

黄家逐渐破落之后，于民国初年将部分房屋卖给了程鹏。程鹏在民国期间曾任县参政会议员。民间有一句俗谚："天上雷公，地下程鹏；天顶玉皇上帝，地下程老四。"可见程家之权势。后来，李家再从程家买下这处房屋。接手时，假山里还养有两只猴子，因担心其伤人，遂赶至西湖山顶。至此，猴洞无猴。

猴洞几经转手，直至1911年，庭院虽看上去有些破败，主人在院子里种了菜，但依旧保留着当初的建筑格局。影像里的四个孩子和四个潮州妇女第一次面对镜头，他们或是神情拘谨或是脸上写满好奇。约翰斯顿一行或许是听说高似兰医生曾经在此庭院居住并接诊而特意入猴洞探访。

如今的猴洞，住着几户人家，经过多年的分割改建，杂乱不堪，早已没了当年府城庭院特有的风雅气质。当我们走进猴洞，想从目前居住其中的居民询问它的历史时，他们已讲述不出它的故事。只有门楣上"梧桐深处"的浮雕字迹和突兀地嵌于民居之中的太湖石，提醒着这里过往的故事。

↘ 链接：飞利浦·高似兰医生

他被称为"中华护士会之父"，1860年出生于苏格兰的格拉斯哥，就读于乔治·沃森学院和爱丁堡大学，1882年毕业于医学专业。在英国基督教长老会的资助下，于1883年来到中国。1888年，他来到潮州，在虎尾巷租得房屋一幢二间，一作礼拜堂，一作诊所兼卧室，开始传教施医。刚开诊三个月，高似兰医生就诊治了3500名病人（见《潮州市志》）。1894年因为潮州人反对其开诊所，他不得已将医院业务迁往猴洞。

1908年，他开始主持博医会（中华医学会前身）《医学杂志》工作。1909年，他成立"中国中部看护组织联合会"，也就是现在的中华护理学会的前身。高似兰以一己之力编写《高氏医疗辞典》一直沿用到民国和中华人民共和国成立后，是对潮汕乃至整个中国医疗现代化起着重要作用的人物。

▲一百多年前的弃婴岛

一百多年前潮州的弃婴岛

请将你的婴儿放在这里，不要把她们扔进池塘里。

上页画面上站在篮子旁拯救遗弃女婴的是贝理夫人。上面的话，是对这张照片的注解。用一个现代经常被提起的词来阐释画面或许更为明了：弃婴岛。

是的，这是一百多年前潮州的弃婴岛。

贝理夫人及来潮的传教士们注意到当时人们因重男轻女，常把女婴扔到池塘里淹死的现象，于是他们找来篮子，在篮子上方搭了个可以遮风挡雨的架子，希望人们把遗弃的女婴放在里面。根据杜士比神甫在1910年的报道："潮州府城的孤儿院每年都能收到数百个被抛弃的女婴。"

这张照片有人认为是在如今的渔沧巷拍摄，巷内本有渔沧庙。照片中的池塘就是庙前的镜湖，后称翁厝池，也是潮州内八景之一——渔庄晚眺。也有人认为照片里可以清楚看到后方的城墙，可能是在西湖。西北岸后来建了时钟楼，内设修女院、育婴堂、真原小学等。我们注意到照片里贝理夫人来到篮子跟前察看是否有弃婴，她当时手里提着的，可能是个常备的急救药箱。这些女婴可能会被送到教会办的育婴堂、孤儿院或是教会家庭收养。

这是由礼荷莲所拍的照片，照片并未说明具体的地点，只是做了如下说明："这是一个收集人们不想要的女婴的篮子。"在这些篮子中发现的婴儿将被送到育婴堂或是被教会家庭收养。此照片应该是更早拍摄的一张照片，无论是城墙还是周围的环境都与第一张照片很相似。但没有明确说明照片是在潮州所摄，只说是在中国拍的照片，故无法下定论

▶

保罗·克里斯的潮州之旅

保罗·克里斯（Paul Cressey）是美国北浸信会的成员，曾在汕头的教会学校礐石中学、淑德女校任教。他出生于1899年，这组照片拍摄于1921年至1923年间。作为一名20岁出头的摄影爱好者，克里斯对中国的很多事物充满了好奇，内容涉及风光、建筑、人文等方面。在汕头，他拍了数十张照片，而在潮州，他拍了五张：湘子桥、开元寺、西湖山、西湖庙、时钟楼。后来他回到美国，成为一名社会学家，于1969年去世。

湘子桥上的路灯——一盏油灯，可见在没有电力供应的时代，桥上夜里的照明方式

湘子桥上的梭船

保罗·克里斯有一段关于湘子桥的描述：

这是潮州府浮船长桥的中间部分。听说这座长约半英里（约800米）的桥至少有一千年的历史。除开中间部分，其余是由巨大的石梁或木梁连接在一起的庞大石墩，每个桥墩上是各式各样的店铺，桥墩一侧还长着大榕树。

与礼荷莲拍摄的湘子桥照片中抬轿子的男人不同，他们不再留长辫

克里斯在潮州期间，已是民国十年（1921年），在照片上，能看出社会一些细小变化，例如，人们的衣着以及发型都改为民国风。

▲ 20 世纪 20 年代初的开元寺

开元寺的历史细节

这两名站在潮州府佛教寺院前面的男孩，是专科学院的学生，他们带我在周围闲逛。寺院地上满满的都是摊开晾干的香，寺院内也有人在做些小买卖。站在寺庙前面的是两个年轻的中国男子，走道上的人是些佛教信众。

这是克里斯对这张照片（前两页）的注解。他说的“潮州府佛教寺院”，便是潮州开元镇国禅寺，百年前的一次快门，他记录下了开元寺的大雄宝殿，记录下这座唐代寺院的许多有趣的细节。

根据克里斯的描述，照片中这两名男子是他在潮州的向导，是两名“专科学院的学生（academy students）”，他们有可能是来自当年的韩山师院，也有人认为开元寺曾被用作教会学校，这两人是浸信会的年轻传道人，早年毕业于礐石中学，克里斯为他们留影。他们的背后，在地上晾晒的一捆捆的香。

开元寺的石经幢

而照片右侧是当时开元寺仍保存的珍贵的唐代“尊胜石经幢”。据《潮州开元寺志》记载：

尊胜经幢为开元年间之物。广州光孝寺有唐宝历石幢，罗浮宝积寺有南汉石幢，并在此后，则此为最古，可贵也。

走道上的信徒们

民国二十九年（1940年），此石经幢拓本参加中国文化促进会举办的广东文物展览会，鉴定为唐物，评价甚高。“文革”期间，它差点被红卫兵毁掉。

放大照片，可以看到克里斯所描述的走道上的信徒们，还可看到开元寺石栏上唐代文字

"佛日增辉，法轮常转；皇风永扇，帝道遐昌"中的"永""帝""遐"三个字。

画面中大雄宝殿西侧还有一个残存的基座，是唐代"准提石经幢"存下的。据《潮州开元寺志》记载：

◎大雄宝殿西侧的"潮安青年图书社"和"潮安商业促进会"牌子

> 上述唐代石经幢当为同时所建，当为与尊胜石经幢同时所建，民国七年（1918 年）二月十三日潮汕大地震，石经幢被损；民国十三年（1924 年）重修，幢座仍旧石，幢盖幢身换新石，邑人王弘愿书梵文准提真言，陈景仁隶书汉文。

从这段记载中亦可推断，这张照片起码是 1924 年以前所拍的。

继续放大这张照片，还可见在大雄宝殿西边的拱门一侧挂着写有"潮安青年图书社"和"潮安商业促进会"的牌子。原来，当时潮安青年图书社和潮安商业促进会的办公点位于开元寺内。

↘链接：关于潮安青年图书社和潮安商业促进会

潮安青年图书社：成立于 1917 年 12 月，算是五四前后潮州文化界的第一个进步组织，以"宣传新文化，介绍新思想，建立新社会，创造新生活"为口号。在开元寺内设新刊贩卖部，销卖当年的"进步书刊"，如《新青年》《新潮》《独秀文存》《胡适文存》《白话书信》等。

潮安商业促进会：清光绪二十八年（1902 年），潮州府商会成立，它是继上海、宁波两个商会之后，与广州商会同时成立的，也是清末全国最早成立的四个商会之一。民国三年（1914 年），潮州府海阳县因与山东省海阳县重名，因而改称为潮安县，由大行业商号商议，参照潮州府商会情况，更名为潮安商业促进会。

▲西湖庙内的千手神像

西湖庙在哪里

千手神像！这是潮州府城外一座刚建不久的佛教寺庙。它位于寺庙一侧在主神台后方的隐秘处。我想他应该是用所有这些手去帮助人们吧。

仔细看可以发现油灯后方略反光的木板上写着“西湖庙”三个字

克里斯所述图中的千手神像是准提佛母（梵名 Dorje Tsundi）。准提佛母是以准提咒著称的大菩萨。他的形象，有二臂、四臂至八十四臂等九种。常见的是十八臂，图中便是十八臂的形象。

这是一座都是典型中式坟墓的小山，而这座小山就在潮州府外。这张照片是从山顶上拍摄的概貌。城墙就在小山前面，在树的左边，便是我们到访过的佛教寺庙，千手神像就在里面。

仔细看可以发现油灯后方略反光的木板上写着“西湖庙”三个字，从克里斯对下页这张照片的叙述中我们得知，“西湖庙”就在“小山前面，在树的左边”，具体位置是如今潮州高级实验中学所在地，照片中我们可以看到漫山的坟墓及城墙。虽然没有找到相关资料，但从位置和一些老人的回忆中推测，西湖庙很可能是南岩寺早期的建筑。

▲这是克里斯 1921 年拍的西湖山，与礼荷莲拍摄时间相隔 20 多年，可以看到山上依旧有众多坟墓

日本大师的佛教踏查记

▲智臻法师（左）、常盘大定（中）及另一位同行的日本人（身份未知）在开元寺藏经阁前

上图是收录在 1939 年出版的《中国文化史迹》第三辑中的一张照片，拍摄时间为 1929 年 1 月 3 日，地点是开元寺藏经阁。

《中国文化史迹》包括 12 辑图版和 12 辑解说，是一部以图像与文字解说相结合的记录方式、从“史迹”角度观照中国文物的大型图录。它重在勾勒汉文化史迹的整体形象，学者评价其是20世纪初中国建筑普查性的集大成之作，共记录了中国16个省区447处文物。今天，已有14处列入《世界遗产名录》，156处被公布为全国重点文物保护单位。

藏经阁前，潮式灯笼下的三人分别是智臻法师、常盘大定以及另一位同行的日本人。拍下照片的，很可能是建筑史家关野贞。细看之下，他们身后的栏杆里，有几名好奇的潮州人望着镜头。合著《中国文化史迹》的便是常盘大定和关野贞，整本书以1906年至1929年间他们在中国考察所拍摄的照片作为记录主体。

常盘大定生于1870年，卒于1945年，曾任东京帝国大学教授，专长汉传佛教研究，本身亦是一名日本佛教僧侣。1920年后，先后五次亲至中国，研究中国佛教史迹。他把实地调查所得资料与图片汇集为《中国佛教史迹》全五辑出版，成为20世纪影响最为深远的、日本民众了解中国佛教的第一手资料。

关野贞于1868年出生，卒于1935年，日本建筑史家、东京大学教授，因致力于文化遗产的保存而为人所知。在近代日本建筑史学的草创时期，他具有十分重要的地位，他所建立的遗产调查、研究方法和保护理念，对后世极具深远的影响。他也是日本的中国建筑史学的创立者之一。

这两位大师对中国古迹的这些细致研究，有人认为是日本侵华前的文化侦察，他们所拍摄的照片，是战略上的影像采集；也有人认为两位大师对中国佛教遗迹的踏查，更多的是出于对中国文化和历史的敬仰。纵使存在这样的争议，在今天，这些照片也客观上成为研究历史、影像及建筑等方面的重要资料，尤其在许多遗迹已遭损坏的情况下，更凸显珍贵。

1929年1月3日，他们来到潮州，探访了韩文公祠和开元寺，在韩文公祠拍下13张照片，包括拓本、韩文公像等，而在开元寺，则拍下9张，分别是开元寺大殿内的铜钟、藏经阁、大雄宝殿、一张天王殿背面照及两张细节图、开元寺内的三个陀罗尼幢。末了，他们还在韩山之上拍下一张潮州城的全景图。此行，他们详细地记录下潮州的两处史迹，从某种意义上说，潮州早期的古代建筑研究始于此。

1928年末，他们从山东省青州市的云门山到广东省韶关市的曹溪，再从

▲“韩文公之祠”牌坊，为岭东参政刘炜于明英宗天顺五年（1461 年）所建，是二柱单间冲天式牌坊，牌坊的立柱为典型的宋元风格的“瓜棱柱”，正面坊额为“韩文公之祠”，两边对联为“佛骨谪来，岭海因而增重；鳄鱼徙去，江河自此澄清”。旧坊至“文革”时被毁，后重修时由于地基因挖防空洞而失去，重新规划移至江边复建。如今我们所见的四柱三间直棂式的石牌坊重建于 1984 年，坊上的字是时任中共中央总书记胡耀邦所题

广州到香港，当他们过境潮州时，已是来年。

一月三日，昙、冷。

对于在潮州的那天，常盘大定描述说是个寒冷的阴天。常盘大定和关野贞一行早上 8 时从汕头出发，一个半小时后到达潮州。他们走水路，在湘子桥登陆，先去了韩文公祠。关于潮州之旅，在书中，他们进行了详细的记载。

潮安有唐代的韩文公祠，但我特地到此拜访的目的在于寻找和韩文公有过

▲韩文公祠概貌

▲韩文公祠正殿，可见屋顶的灰塑、栏杆上的壁画以及大殿两侧的琉璃花窗

▲韩文公祠附近的师范学堂，外墙可见黑色的《白鹦鹉赋》碑

交往的大颠和尚的遗址灵山寺。我当时以为灵山寺所在的西山就是潮安的西山，最终没能找到，于是我又重新查阅《潮州府志》，得知原来是潮阳的西山，由于交通不便，最终未能前往。

韩文公祠有两个。一个位于韩山，是为世人所知的地方，另外一个位于城南，据《潮州府志》记载，城南的韩文公祠原本是文公书院所在地，韩山则是韩文公曳杖的地方。那么，城南那个应该更称得上是韩文公祠的遗址。

叙述完如何到达潮州之后，常盘大定介绍了相传是韩愈所书的《白鹦鹉赋》、开元寺的历史以及苏东坡撰写的《潮州昌黎伯韩文公庙碑》（简称苏碑）。这是《中国文化史迹》的写作手法：工作日程、考察介绍和每次的考察成绩小结。

《白鹦鹉赋》碑

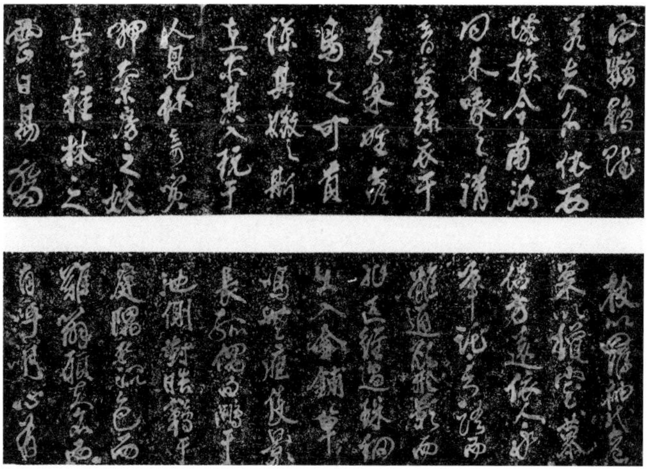

常盘大定所做的《白鹦鹉赋》拓本

韩文公祠位于韩山西麓，是风景胜地，昭和四年一月三日的现状记录如下：进入刻有“韩文公之祠”字样的石坊，走数百步登山台阶，就进入了拜殿。拜殿屋顶为砖造的悬山式结构，没有特别值得注意的地方。接下来进入本殿，正面供奉着韩文公像，韩文公曾经亲自和大颠说过，自己少多病，发白且齿落，但是此像却过于年轻，且两颊也过于丰满。

殿内碑石很多，还有很多名士供奉的匾额和牌子。祠庙的结构虽然并不宏

▲韩文公祠内《功不在禹下》碑

大，但四周风景优美，且殿宇经过修补，所以给前来拜访者以清新之感，让人心生浩然之气。

后来，他们一行人往韩山方向走去，先去了省立第二师范学校（即今天的韩山师范学院），与学校干事李芳柏见了面，李芳柏送给他一本《潮州府志》。常盘大定在省立第二师范学校内拍摄了《白鹦鹉赋》石碑[1]。

《功不在禹下》碑位于潮州韩祠正殿左侧，为嘉靖丁酉（1537 年）八月礼科右谏嘉禾沈伯咸所撰，是韩祠最重要的碑刻之一。据史载，“功不在禹下”

[1] 省立第二师范学校内的这块《白鹦鹉赋》石碑在日军侵略潮州时被日军卸下，移至西湖，企图偷运回日本，但因后来战败无法如愿而保存下来。抗日战争胜利后，石碑被镶入西湖公园内的景韩亭的正壁。

▲《潮州昌黎伯韩文公庙碑》

取自韩愈的文章，他认为在神权、皇权的双重统治下，治人的思想比治水还艰难，因而用此称赞孟子传播儒家思想的功绩不比大禹治水低，后人于是反过来引用他的话来赞颂他。

《潮州昌黎伯韩文公庙碑》是一篇创作于宋代的散文，作者苏轼。文章是苏轼于元祐七年（1092 年）三月，接受了潮州知州王涤的请求，替潮州重修的韩愈庙所撰写的碑文。

苏东坡的《潮州昌黎伯韩文公庙碑》立于明代成化年间，破损严重，被战乱摧毁又重新竖立起来已有 200 多年了。然而这块石碑现在也断了，只剩下半块。最近惠潮道梁瑶峰国治[1]，又重新手书雕刻了这块石碑，堪称端楷。

有传闻说，苏公亲笔的原碑，在道廨旁的韩祠里面，我在戊子年春天第一次造访那里。拂去青苔辨认，发现并不是苏公原笔，是有人临摹苏公所写。

根据《广东通志》记载，宋代咸平二年（999 年），陈惠公在潮州为官，将其正厅东边开辟出来建成韩文公祠，这其实就是文公祠的开端。不久祠庙迁往城北金山，元丰七年（1084 年）韩愈被封为昌黎伯，元祐五年（1090 年）王涤将祠庙迁往城南五里处，苏东坡为之作记。淳熙十六年（1189 年），郡守丁允元认为东山为韩公登览过的胜地，而且有其亲手栽种的橡树，于是东山之上建祠庙，废弃城南的祠庙。淳祐三年（1243 年），郡守郑良臣在原来祠庙的旧址上创建城南书院，在书院中祭祀韩文公。从此开始，有了两座韩文公祠。元代遭遇兵灾，城南书院化为灰烬，元世祖至元二十一年（1284 年）郡守王用文重建书院，并在书院的南边建韩庙。之后泰定、至顺年间均重建。到了明代，韩山祠已经荒废，城南祠也遭到破坏，知府郭子章重修城南祠，并将所有祭器更换一新。如今，韩山祠经过多次重修，但是城南祠却濒临废弃，实在可惜。

常盘大定如果看到今天的韩文公像，一定会惊讶于两者的迥异。原像始塑于民国十五年（1926 年），它更符合潮州人心中“老爷”的神灵形象，用的是传统雕刻技法，代表一种庄重而敬畏的审美情趣。从上到下，仔细看下页的照片，庙顶下有雕刻精美的木雕装饰板，帷幕绣有“昌黎伯”三个字。“昌黎”即是韩愈，因其祖籍河北昌黎，而世称韩昌黎，宋代元丰年间追封为昌黎伯，伯即旧时对文章、道德足为表率者的尊称。上面还有落款“民国十五年吉立”的字样。韩文公神情静穆，身着龙纹长袍，潮州金漆木雕打造的座椅上以牡丹花图案进行装饰。在塑像前面有个书有“韩文（公）”的牌位。塑像若能保存至今，实乃无价之宝，可惜被毁于“文革”期间。1987 年时，重塑了塑像，据说，这次是专家经过考证，翻看明《永乐大典》所记载的韩愈画像后确定，采用的是西方式的塑像技法，少了韵味，也不是潮州民间“老爷”的形象。

---

[1] 梁国治，字阶平，号瑶峰，一号丰山，浙江会稽人，乾隆十三年（1748 年）状元，授修撰。后以惠嘉潮道台驻潮。

▲正殿内韩文公像，上方写着其称号“昌黎伯”，帘布上有字说明是“民国十五年吉立”。此韩文公塑像衣着以宋代官袍形象进行设计，在潮州民间，它更接近人们心目中“皇帝”和“老爷”的形象

▲开元寺天王殿背面细部

参观完韩文公祠，常盘大定和关野贞便前往潮州府城中心的开元寺。他们是在渡口乘船，还是直接从湘子桥过对岸，虽然书中没有专门提及，但从韩文公祠下来，我们猜测他们会选择走湘子桥，毕竟这座桥对于研究文化和建筑的他们来说，定然是很具吸引力的。

我们辗转到达城内的开元寺。

开元寺宏大的规模，还残存着名刹的余影。寺院以天王殿、大雄宝殿、藏经楼为中心，右边有方丈、讲堂，左边有香积厨，其他还有很多建制。天王殿为单层，大雄殿为重层，都是歇山式屋顶，梁端有垂花的装饰，斗拱的托座不外露，为其特色。

天王殿内部的柱梁斗拱十分复杂，但是结构整齐统一，颇能体现木制建筑的妙处。天王殿外左右有气派的陀罗尼幢，大雄殿前左右也有石幢、石狮。天王殿外的石幢受到千年的风雨侵蚀，但其四层基坛的雕饰、柱上五重的柱盖和受花却体现出当代丰富深远的意趣。大殿前的两个石幢与其相比，受到的侵蚀更加严重，尤其是左幢的身柱以上部分系后世修补，但是其姿态、雕琢，仍旧能够让人想起当时的盛景。石狮也颇值一观。大殿内悬挂着宋代政和四年（1114年）铸造的铜钟。

藏经楼为二层，藏有钦赐龙藏。大殿内有数个清代的石碑，由此可见，现在的建置属于新朝时代（指的是清代以后）重新建造的。

日本大正十三年（1924年），日本的权田僧正远渡重洋前来传佛法，也正是在此寺进行的。这是一座当之无愧的大寺。

我们拜访了方丈，看见房间悬挂着林荣画的水墨达摩像。住持是智臻法师，听他说密宗传法的王弘愿居士在附近的仙街，即义安路居住。前来参谒的人很多，都是因为对名刹慕名而来。我们献上了部分史籍后便告辞了。

▲开元寺天王殿的天井虹梁，据考证，日本奈良东大寺佛殿就是按天王殿形制营造的

青年图书社

▲开元寺大雄宝殿。1918 年潮汕大地震，面向宝殿左侧的准提幢被毁，克里斯于 20 世纪 20 年代初拍摄的大雄宝殿中没有准提幢。民国十三年（1924 年），由王弘愿居士带领工匠重新将其立起，于是在常盘大定的照片中可见重塑的准提幢

▲开元寺天王殿背面（右侧为消防队所在）

▲大雄宝殿前东侧经幢刻《七俱胝佛母所说准提陀罗尼》，略称“准提幢”

▲大雄宝殿前西侧经幢刻《加句灵验佛顶尊胜陀罗尼》，略称“尊胜幢”

▲开元寺内的大铜钟，相传钟的木架是用韩祠橡木做的，终年冰凉

回去前，他们像极了今日的游客，四处闲逛，领略着潮州本地风情，甚至还想要到街市上去买《白鹦鹉赋》的“文创品”。

归途时登临西湖山，风景颇佳。四顾笔架山，从西湖山到西面的山丘上全部都是百姓的坟茔。

潮安是个很有西洋风味的地方，但也不失中国风情。街上竖立着很多高大的牌坊，很有中国街道的建筑特点。我想在潮安的市集上买韩愈写的《白鹦鹉赋》的仿制品，在唯一的一条大街上走了一遍，发现并没有卖，还发现物价比北方的贵了好多。

晚上我回到汕头，叫上了石井、喜志等人一起聚餐，商量着明天一起去潮阳县灵山寺，但因为我要演讲而难以成行……

▲天王殿前陀罗尼幢，这张照片十分生动，可以看见当年观望的群众

常盘大定和关野贞在潮州的一日游定格了90多年前的韩文公祠和开元寺，他们还定格了在韩山之上俯瞰潮州府城的全景图。那个保留着最美好明清建筑群的潮州府城。在《中国文化史迹》中，这两张照片拼成的画面下标注为“韩山全景图”。

当看到这张老照片时，年近九旬的许世冠老先生十分兴奋，为此不辞辛劳，专门实地比对。经仔细踏勘校对，许老找到了拍摄点——西湖山主峰下方的流涎狮头岩石群附近。仔细察看思考照片的过程，对于许老来说，像是孩提时跟着长辈去拜访学识渊博的老师般，感到既亲切又陌生，先惊喜后尊敬。他在信中写道：

西湖南岸原为古城墙，辛亥革命后拆去城墙成沿湖城基路，木桥和凉亭是为开辟西湖公园时搭建，民国二十二年（1933年）结合拓宽路面，根据道路交叉口和西湖景观需要，将木桥位置由凉亭西边移到东边，并将木桥改建为现在

▲常盘大定的《韩山全景图》。细品这张照片，由近及远。近处为西湖山岩石与林木，西湖北岸有片开阔地，一间简易棚屋旁一排整齐栽种的树木下两匹马在低头吃草，右下侧在大树婆娑隐约中得见一道木桥连接对岸街道。整座城被西湖和韩江包围着，不知那一刻，拍照的这位东洋人，是否想起了故乡的京都

的虹桥。府城北面是金山，金山南面的古城墙绵延至照片右边，城墙中段隐约可见湘子桥横跨江面。

隔江远望，右方是地貌造型丰富的“猛虎过江”，诸峰峦隐约可见虎头山形象，至中段是笔架山主峰和象鼻山，再往南是相连的下坑群山。正如东门楼楹联所描写的“卅二峰峦案上画，廿四洲桥水中分”。

“三山拱卫，一江环绕，大湖围护”，潮州城独特的地理全貌，百年前府城历史原貌就这样在影像中完美呈现。

为此，这张《韩山全景图》或许改为《潮州府城全景图》更确切些，因为照片中韩山只是府城隔江的护山背景，而展示的是当时整个潮州府城的全貌。

葛学溥和凤凰村

1923 年，有一个潮州人带着两个美国人，他们一行乘着船，沿着凤凰溪，从潮州府城来到一个被他们称为“凤凰村”的村子。为他们划船的船夫是该村族人戴贤昆的父亲。那天，船夫并没有收他们给的两银圆船资，这在当时，可是至少能买 20 斤猪肉的。

那个带队的潮州人也是凤凰村的族人，名叫戴贯一[1]（1881—1927），其中一个美国人名叫葛学溥（Daniel H. Kulp，1888—1980）。

葛学溥从美国布朗大学毕业后，作为一名传教士在 1913 年来到中国，1914 年 2 月他在上海沪江大学创办了中国第一个社会学系，任社会学系主任（1914—1923 年）和英文系主任，担纲社会学课程。回到美国后，他在哥伦比亚大学教育学院当教授。戴贯一正是葛学溥在沪江大学任教期间的学生，他还在 1919 年大学毕业后，于 1920 年前往美国芝加哥大学攻读神学博士，成为潮州最早的留美博士之一，海归回来后他任岭东浸信会总干事。

葛学溥在沪江大学教授社会调查课程期间，指导学生利用暑期回乡做调查。1918 年和 1919 年，戴贯一正是利用回乡空闲，从社会人类学角度收集了大量关于凤凰村的资料，而这些资料，让葛学溥对凤凰村产生了浓厚的兴趣，于是有了 1923 年的这次探访。

关于这趟旅程，葛学溥后来在他所著的《华南的乡村生活——广东凤凰村的家族主义社会学研究》（*Country Life in South China: The Sociology of*

[1]《华南的乡村生活》的译者、中山大学社会学与人类学学院教授周大鸣在其译者序中提及参与调查的是戴贯一的儿子戴天纵，但根据更多研究推断，那时戴天纵尚未出生，戴贯一在其就读沪江大学的学生时期参与这次调研的可能性更高。

▲凤凰村去“陈头”（Tan Tou）的渡口，家里没有井的穷人也从这里担水去浇灌

Familism，下文简称《华南的乡村生活》）一书中有这样的描述：

在潮州城墙外，韩江沿岸约长有三公里的码头，在这里停泊着往来潮州府城和乡村的船只。一些村民每天划着小船，在上午十点钟左右将农产品运到城里的集市。城里人就来到集市上和村民讨价还价，然后买走蔬菜、鸡蛋、鸡鸭、扫帚和水果等生活物资。

每天下午两点左右，凤凰村的船会离开潮州返航。船上男女老少在舱内坐卧不一，悠闲自在。凤凰村的帆船由八个人共同拥有，船长是一个高瘦的汉子，脸型像克罗马农人[1]，船员们要在激流大风中操作几个小时，根据风向不停

[1] 克罗马农人是智人中的一支，生存于旧石器时代晚期。原指1868年发现于法国西南部克罗马农石窟里的一系列化石，这些骨骼与现代人类拥有相同特征，包括较高的前额、直挺的姿态，以及纤细的骨架。

▲从凤凰村出发到达潮州渡口的终点，老顾客们正在等候登上从上游来的帆船

地升落船帆。

凤凰村航船的来来往往，犹如城乡之间联系的动脉，不仅是村落联系潮州、汕头的使者，同时也是社会舆论形成和创作的场所。

经过几个小时的航行，船在黄昏时分到达凤凰溪村口。宁静、碧绿的凤凰溪水在此注入浑浊的滔滔韩江，蜿蜒的凤凰溪水淹没在两岸郁郁葱葱的竹林中。艄公吹响了号角，航船缓缓地向北驶向凤凰村。

这位美国学者笔下的潮州乡村，如世外桃源般美好。但当我们根据地图方位搜索"凤凰村"时，我们会发现它就像世外桃源一样难以寻觅。事实上，凤凰村只是个代称，它实际上是潮州归湖镇的溪口村。在中国的村落社会人类学研究中，出现了许多学术名村，其中有两个被学术界评价为最具有里程碑意义的：一个是费孝通研究的"江村（位于苏州市）"，另一个便是葛学溥研究的"凤凰村"。

《华南的乡村生活》1925年在美国出版，调查的主要资料正是受过专业训练的学生戴贯一回乡期间所得，并经过葛学溥本人的验证。而葛学溥自己仅在

1923年那次到达凤凰村进行短暂的访问和体质人类学测量，并拍摄了一系列图片作为书中配图。

该书译者、中山大学社会学与人类学学院教授周大鸣在其译者序中对该书做了很多客观的论述和总结：

《华南的乡村生活》一书虽然出版于一百年前，但今天读来仍不失其意义。这本书可以说是中国社会学、人类学第一次对村落全面的田野调查，是第一本华南汉人村落社区研究的论著，对汉学人类学具有开拓性意义。中国类似的调查研究要过10年以后。……后来的很多汉学人类学家的研究都是建立在对凤凰村的研究之上的。

…………

这本书作为民族志式的研究，全方位描述了一个乡村村落，也揭示了中国乡村社会的一些基本问题，提出了中国社会研究的一些基本概念，对乡村教育有精彩和详尽的描述，对村落政治、社会控制和家族主义整合的论述也有独到的见解。

▲乡村学校

▲凤凰村最原始的老屋

家族主义（Familism）这个词原本在英文词典中是没有的，是葛学溥创造的一个新词。他认为，家族主义是一种社会制度，所有的行为、标准、思想、观念都产生于或围绕着基于血缘聚居团体利益的社会制度。

…………

葛学溥还对凤凰村进行了体质人类学的调查，留下了难得的体质测量的材料，当时葛学溥用的是最先进的测量工具，这也是广东最早的体质人类学记录之一。葛学溥根据这些材料，对种族进行了分析，同时与山东、浙江及其他地方的体质测量资料进行比较并提出结论：凤凰村人与华南人群特征最为接近，同时与华东和华北人群体都有密切的关系，从而证明凤凰村人的祖先与北方群体有一定的血缘关系。

书的最后，葛学溥讨论了“邻里”与“社区”的概念，以及凤凰村的归宿。

▲凤凰村街景，也是村民主要居住的地方

▲为了对比凤凰村人与其他群体的有意义联系，葛学溥在文中附了两个凤凰村男性的照片，并对照片A男子的正侧面（图左、中）进行描述以及B男子（图右）进行体质人类学的描述。他得出一些结论：凤凰村人群与华南人群的联系最为密切

▲溪口村的典如祖祠，在书中葛学溥形容其为“全村最新最好的房屋”

他认为凤凰村是独特的，兼有邻里和社区的功能，因此凤凰村既是邻里也是社区。这与美国的乡村社会是不相同的。

当我们走访溪口村时，询问了很多人，却发现没有人听说过“凤凰村”。这或许是葛学溥用凤凰代称溪口的原因，但也不免让人感叹：溪口村在社会人类史上竟如此出名，而生活于此的人们却对此一无所知。这部著作对人类学的意义毋庸置疑，而对于潮州当地来说，也绝对是研究民初潮州邻近乡村风物难得的绝佳资料。

当然，这本书也有它的不足之处，周大鸣教授指出，如书中认为凤凰村是单姓，绘制地图所标方位有错误，把“归湖”说成“鬼湖”，还有一些望文生义的解释，例如将“风水”解释为风和水的力量等等。更让人遗憾的是，葛学溥当时或因殖民者的优势文化心态作祟，并没有写出帮助他进行调查的学生的名字，甚至连凤凰村宗族的姓氏“戴”也没有提及。或许如果这位美国人不那么自私，如今的溪口村应该妇孺皆知“凤凰村”。

事实上，葛学溥关于凤凰村的研究还有两大遗憾。一是他意识到凤凰村并不是孤立的，应当与邻村和村落的海外关系关联起来进行研究，但因田野调查时间太短以及资料搜集困难等原因放弃了，也或许是戴贯一的早逝无法给他提供后续的资料。二是他的村落研究原本有庞大的蓝图规划，想以代表华南的凤凰村为起点，向华东华北延伸，对中国各区域进行相同形式的调查后，再做比较研究。后来因为他的研究方向发生变更，这个计划也没有完成。

▲凤凰村古庙的入口，由大门上的门神守卫保佑着，阻挡恶魔入内

▲祠堂内的“老爷像”

▲梅师德一行在船上的乌篷下休闲地坐着

韩江舟行的老外们

本文前四张照片是梅师德［德文名：Johann（Hans）Heinrich Meister］先生1937年拍摄的。他是瑞士的基督新教传教会巴色会的医学传教士，为梅县德济医院的院长，1945年中山大学医学院迁梅县复课时曾任医学院教授。巴色会传教的重点地区是广东的客家地区，我们仅从他照片上的标注知道他们的出发点和目的地。而潮州，是当时走水路的必经之地，他们在这个过程中也领略了韩江的风光。

我们乘着一种名叫“客家船”（Hakka boat）的船从梅县出发到汕头。

他们一路有说有笑，欣赏沿途风光，拍照留念。这应该是个和煦的春夏交接的日子，韩江的水流平缓，微风徐来显得轻松惬意，东方的异国风情显然给他们留下了深刻的印象。

坐船从梅县到汕头的旅程。船夫撑着客家船。在潮州附近的大桥后面，在其中一个码头上有两座小庙。

当时在韩江上的船夫撑着乌篷船，传教士们称这些船为客家船。船夫们辛苦划着船，在韩江流域穿行。他们的船慢慢靠近湘子桥，这时，原本在乌篷下坐着的人按捺不住兴奋的心情，站起来观赏这座“神奇而热闹”的大桥。

仔细观察第三张图（下页），前面摇船的船夫还穿着一件长袖衫，但站起来看桥景的手中抱着孩子的妇人却已穿起了短袖。随后，他们还看到了桥后面一个码头上的两个“小庙”，指的应该是妈祖庙，旧时韩江沿岸共有十几座妈祖庙，如今潮州境内只剩下几座。

▲梅师德在接近湘子桥的时候拍摄了这张照片，前景是划船的船夫

▲梅师德透过乌篷拍摄了这张船只靠近湘子桥的照片，他当时并不知道这座桥的名字。我们可以看见许多行人“点缀”着桥

▲ 梅师德一行坐在船上的小矮凳上使用筷子吃着东西

◀ 在同行的艾玛·斯托布（Emma Staub）的相册中一张标注为“登陆地点”（Landing place）的照片。这群外国人是在湘子桥这里登陆，然后开始他们的古城之旅

▲艾玛·斯托布的相册中在潮州府太平街上的照片

这是 1894 年来华、在梅州兴宁办学的巴色会传教士马谟鼎（Joh. Martin Maier）约 19 世纪末 20 世纪初拍摄的湘子桥照片。他是更早期的“舟行”韩江的老外，照片也成为湘子桥最早期的照片资料之一 ▶

在同行的艾玛·斯托布的相册中，这一张老照片则为我们展现了他们抵达潮州府后在太平街游玩的情景。拍摄的位置正是背镌“铨曹冰鉴”的理学儒宗坊。

认真观察照片，可以看见三个同行者在其中。左侧是拿着望远镜的男士，他满脸兴奋，向右转身对着镜头。中间手持雨伞的和右侧稍显富态的妇人都背对镜头。右下方那个探向镜头的潮州男子狐疑打量手握相机的摄影师——艾玛·斯托布。那时，这几名外国人的到来，不知该引起人们多大的讨论，或许街道两旁商铺里的人都跑出来看这四名蓝眼睛的人。由于照片光线原因，我们只能依稀窥探当年潮州城商业的繁荣景象。右下角南华商店柱子上贴着一招牌——南华商店各港靴鞋发行，还有鞋庄、绸庄等商号信息。

美国人的潮州旅拍

▲ 湘子桥上人来人往的景象

2015 年，一次偶然的机会，越众历史影像馆收藏了一段活动旧影像，经过对比确认，这段黑白无声的影像拍摄地是汕头和潮州，初步推测为一美国人的私人拍摄，时间大致在 1933 年前后。

用现在的话来说，这其实是一段拍摄很随意的旅行 Vlog（视频网络日志），影片中，我们可以看到当时的汕头潮海关大楼、礐石岛，潮州湘子桥、牌坊街等潮汕地区的标志性建筑，于街头巷陌中窥见民国时期普罗大众的日常生活、码头上繁忙有序的运输业。

目前的资料显示，这是当下所能找到的潮汕地区最早的活动影像，拍摄者在拍摄其日常生活之余，无意间为后人展示了潮汕地区近一百年前鲜活的人文地理风物。

2016 年 11 月，越众历史影像馆经过一年多的研究，将这部活动影像中出现的一些细节进行解读呈现，举办了一个名为“一个有问题的展览——从一段潮汕旧影像说起”的展览。

▲桥上搭建竹棚屋，江岸的房屋错落有致，人们微笑，衣着整洁，那时男子发型与今无异。一名老妪打量着外国人，如今在潮州乡村，有时还能看到八九十岁老妇人如图中那般打扮。两名孩子好奇望向镜头。2016 年，经 90 多岁从小在府城长大的黄丽槐老人辨认，右侧白布匹遮掩的屋子，是当时湘子桥上开设的赌场

有趣的是，在那个拍胶卷很贵也很不容易的年代，这 8 分 14 秒的影片中，拍摄者竟然花了两分多钟拍摄他养的猫狗。一位历史学家看了影片后感慨道："这是目前可见最早的潮汕地区活动影像。很珍贵，很有历史价值！但是可惜里面拍了两分钟的猫猫狗狗，太浪费！"而其中关于潮州的镜头也仅 25 秒。不得不说是一种遗憾。

不过当近一百年前，湘子桥上人来人往的景象以清晰生动的视频形式活生生呈现在人们眼前时，相信任何一个潮州人看到之后，都会被深深震撼住：他们正从百年前向我们迎面走来，而我们恰巧有幸一睹。

▲ 右侧可见湘子桥上的原鉎牛的尾部，鉎牛旁的石头上有一些文字，放大细看是"化痰止咳"的广告。离鉎牛不远处一位外国美女戴着墨镜，她似乎是这段影像的"女主角"。而立在她身前的中国人，打扮得干净利落，镜头感很强，冲着摄像机微笑

▲ 大街上，商铺林立，能辨认出一家“吴源泉鱼生店”。人力车夫背上是潮汕地区典型的汗巾，而他们拉着的是最初由日本引进的“东洋车”，这种车在民国城市日常交通中担任着重要角色。画面左下角一位尼僧戴着大斗笠，手提竹篮走来。右下角有一名警察回眸看了下镜头。通过对民国警察服饰的考证，他应该是潮汕铁路的铁路警察，级别在总稽查长或副警务长级别以上

第二章　风物

重见天日的潮州府

蔡澜先生在《府城》一文中写道：

许多朋友对潮州这两个字很不了解，以为广东省的西南部的一个地方，就叫潮州了。其实汕头只是一个港口，而潮州本身有一个叫为潮州的城市，古时候已封为府。潮州府的人不叫自己潮州人，而叫府城人。

这是他向香港人去解释潮州、汕头和府城的含义，当然，这个问题不是三言两语说得清楚的，因为它们解释起来，要复杂得多，甚至可能会引起一番论战。

当我们翻开韩江冲刷出来的这片土地上纷繁的历史，自隋开皇十一年（591年）改称潮州以来，潮州二字在不同的历史时期的含义一直在变化着。去繁存简，广义上的潮州，某种程度上是指至清代形成的潮州府九县（海阳、潮阳、揭阳、饶平、惠来、澄海、普宁、大埔、丰顺），范围大致是如今广东省的潮州、汕头、揭阳三市，以及梅州市的一部分。

而曾经，广义潮州人心中的圣地，是潮州府衙。

从明洪武二年（1369年）潮州改置为府到宣统三年（1911年）清灭亡，这542年的时间跨度里，潮州府衙（又名府署）一直作为潮州府政治权力中心，威严而肃穆。生活在府衙所在地，城墙里包围着的人，自称为府城人。

潮州府署是个功能齐备的建筑群落，当时府一级官员都在此办公，明清两代的历任知府几乎都有新建、改建府署设施。清乾隆《潮州府志·卷七署廨》载：

潮州府署，旧枕金山，宋景炎（1278年）毁于寇，元至正中（1324年）总管丁聚建为总管府，明洪武初（1368年）改为衙署。通判张杰移建新街，创置大堂、川堂、后堂，再后为知府廨，左广盈库，右架阁库，前仪门六房、土地祠、迎宾馆、谯楼，左通判、推官、知事廨，右同知、经历、照磨、检校廨。

府署最出名的建筑是府衙正门的谯楼（鼓楼）——“镇海楼”，也就是人们通常说的“府楼”，横跨如今的昌黎路和义安路。它始建于明洪武元年（1368年），后每隔百年左右辄重修一次。“镇海”二字源自“镇三阳（海阳、揭阳、潮阳）而安南海”，名字满载取名者最初对潮州府理想和荣光的美好愿景。

而潮州府也不负众望，缔造出众多的辉煌。

灰飞烟灭的镇海楼

后来，潮州府衙开始见证没落，直到一个事件之后，它渐渐被人们所淡忘，亲眼见过潮州府衙的那些人，也早已消失在岁月的尘土中。

那是1911年，镇海楼在大火中灰飞烟灭了。这与一个人和一件事有关，人是潮州府最后的知府陈兆棠，事则是近代史上著名的辛亥革命。

这里有一张十分血腥的明信片，被行刑的人便是知府陈兆棠。他生于1859年，湖南人，父亲陈士杰是曾国藩的重要幕僚。光绪三十四年（1908年），50岁的陈兆棠调任潮州知府，在此之前，他以“草菅人命滥杀三千人”被清政府称为“能员”，而人民则骂他为“屠夫”。

▲这是那张民国明信片的正面，也许当年印这么血腥的明信片是为了警示和教化民众

1911 年 10 月，武昌起义爆发，全国各大城市纷纷独立。11 月中旬，粤省第四军副司令兼执法官孙丹崖在汕头集结后率军北伐潮州府城，兵备道道员吴煦、海阳县令谢质逃走，总兵赵国贤逃走被阻而自杀。革命军围攻潮州府署，逼迫清兵投降，陈兆棠以府楼为据点，顽固抵抗。于是，革命军夹墙攻进府衙，火烧府楼，陈兆棠只好化装逃走。

关于火烧府楼，有几个不同版本的故事，亲历者翁辉东在《辛亥革命潮汕光复实录》一文中的详细记录更为可信。

（因清潮州知府陈兆棠负隅反抗，革命军于）九月廿九日（农历），由（张）醁村、（孙）丹崖、（谢）鲁倩、（陈）励吾亲自督师，攻镇海楼。醁村、鲁倩出东府巷，丹崖、励吾出西巷，陆晏如留守军部，王翌黄率学生军攻北门节孝祠之防营，用为声援。民军既抵府楼下，以楼高备密，由下攻上，颇难得手，乃以火水油倾入木桶，用水枪喷射上楼，仍用棉花浸油中击上楼面，俾蕴结于楼壁，然后纵火烧焚，更助以枪弹。火光熊熊上升，不久楼即倾圮。

▲《大革命写真画》中的《潮州府署被毁之状》图，呈现了府署散乱的颓败相：破败的府署围墙外是好奇望着镜头的人们以及一只抢镜头的黑母猪。府署是两进落屋厝格局，第二进的堂前还插着青天白日旗，门口没有守卫者

▲《大革命写真画》中照片。潮州民军预备进攻府署的照片，他们背依围墙，蹲姿待命

随后，潮州正式光复，陈兆棠想逃出城，奈何“三日走唔出东门楼”，终被革命军所擒。1911 年 11 月 22 日上午 8 时，革命军决定将其枪决，由于陈兆棠脚伤行走不便，遂将他缚于竹梯上，梯顶悬挂着一长幅标语，上面写着“处决民贼陈兆棠以谢天下”。据称那天在潮州府署前，刽子手举起枪，瞄准他的头，刚好打在他的嘴上，满口金牙掉在地上，《清史稿》则记为“中十三枪乃绝”。

这张照片便摄于上述时刻，或许是陈兆棠一生中唯一的一张照片，拍摄者未知，只是传言他死后不久，潮州的相馆便开始有售他的这张相片。关于这段历史，在另外一本辛亥革命图集《大革命写真画》中也有相关影像记录。

但火烧后的镇海楼并非没留下任何蛛丝马迹。上图是两只至今已 640 多岁的猴子，一只为动态的，左手搂膝右手挖耳；另一只则是静态的，双手抱膝而

↘ 链接：《大革命写真画》

由商务印书馆在 1911 年 11 月至 1912 年 4 月出版，每张附有中英文说明文字。照片内容包括武昌起义、南京光复至广东光复等，各派要员及军民人等的影像成批呈现。照片来源一是中外人士的摄影作品，二是截取自中外人士的纪录影片。

▲这是在潮州市博物馆里的两只府楼猴。古代等级非常森严，不可有丝毫僭越，如皇帝用龙，督抚用虎。据说州府在古代为方圆百里的侯郡，猴音谐为“侯”，于是设计师——当时的通判张杰就想到了用木猴来装饰府楼

闭目养神，这两只“府楼猴”如今收藏在潮州市博物馆内，它们是潮州府署存留至今的两物件，是明初潮州木雕的代表作之一。传说原本和这两只木猴一起站在府楼上的共有108只木猴，它们形态各异，传神生动。民间有“灵过府楼猴”的俗语，盛传木猴久而“成精”，只要摸过府楼猴后便能心想事成，很是灵验。这两只木猴之所以能存留至今，正因为在府楼烧毁前，就已经被民间盗去当神像供奉了。府楼烧毁时，剩下的木猴一同被化为灰烬，后来民间又流传有“府楼猴，无变走（跑不掉）”的俗语。

我们无法设想，潮州府衙就算不经历这场浩劫，接下来的百余年间命运又会是怎样的走向，但我们知道，在百余年后的今天，恐怕没有人知道潮州府衙原本的模样了。

重现的府衙遗照

直到 2013 年，一批中国老照片出现在古巴的拍卖会上，其中有 20 多张拍摄于 100 多年前的潮州府城，当中又有一张拍摄的就是当时的潮州府衙。于是，这才让镇海楼的原样重现于世。这些照片由德国摄影师拍摄于 1909 年至 1910 年间，而在 1911 年，镇海楼便被烧毁，这张照片也成为目前唯一能找到的镇海楼的影像资料。

↘链接：格本号旅行相册

镇海楼照片所在的相册中有 20 多张照片是在潮州府城拍摄的，摄影师所选取的镜头，多为潮州八景。这批珍贵的老照片辗转被笔者所收藏，由于留下的文字信息很少，它们是由谁所拍摄，有着怎样的故事，难以考究，只知道拍摄这批照片的德国人乘坐的格本号（Goeben）邮轮是于 1909 年 3 月首航来到中国的，他们随船在中国其他几个城市也拍摄了一些照片。华南的潮州府成为他们此行的目的地之一，可见当年潮州府的地位。右下角图片是这些德国人在潮州府的留影之一。拍摄点在凤凰塔的塔基边。

这对他们来说无疑是种充满异域风情的体验——在山水小城古老的塔下，依着刻有中国传统龙马纹样的塔基而坐，再喝几瓶自带的啤酒，惬意地享受早餐，身边还跟着两名帮他们提东西的本地随从。

州府

▲镇海楼

上页的府楼老照片清晰地还原了府衙最后两年的样貌：府楼前，有人在摆地摊卖东西，行人里无论长幼都留着清朝的长辫，他们几乎都望向镜头，想必当时对拍照的德国摄影师充满了好奇。府楼东侧的墙上，粘贴了多张香烟广告，墙脚立着五块石碑和一只石狮，西侧墙上粘贴“圣谕”，墙角树立两块石碑。民间有“衙门八字朝南开，有理无钱莫进来”的说法，从照片中可见两面墙像个“八”字的布局，衙门两侧的灯笼写着“鼓门”，我们甚至能看到一只鸡信步在大门之内。府楼有三层檐，有部分残损的木栏杆上仍可见正面有五只形态各异的木猴站立着，与现存两只木猴的形态均不同，从老照片中可推测出，正面栏杆共有 18 只府楼猴。此外，还能隐约看见两联首字的“海”和“楼”字。照片中，最重要的是揭示这楼身份的府楼中间“潮州府”三个字。到了 20 世纪初，整个楼给人一种王朝即将覆灭，已无力修复的垂暮之感。摄影师没能拍全镇海楼的全貌，可能是受制于镇海楼前的照壁。

可清晰地看到“潮州府”三字牌匾以及两侧站立在柱子上的木猴。这便是博物馆里那几只幸存的木猴曾经安放的模样

在这张照片重现于世之前，虽然潮州古城还有众多古迹遗存，但当潮州府三个字以府楼牌匾的形式出现在照片中，客观地、直白地、清晰地呈现在眼前时，我们才得以具象地感受到它曾经的辉煌。

▲另外这张看似府衙大堂的照片与镇海楼照片在相册同一版面，下方仅标注了“古庙”这样的简单说明，但它显然不是古庙。图中可见檐下悬挂“明德远著”“雄镇东南”“体国经野”，以及一块被遮挡了一半的“衡平鉴照”匾额。从这个方向看过去，可见远处金山上的建筑。这座建筑应该是金山藏书楼。我们从“雄镇东南”匾额和金山藏书楼位置判断，其为潮州总镇署内建筑的可能性较大。潮州总镇署是明清时期粤东的军事指挥机构，承担着海防前线的布防任务

或许，那把火烧掉的不仅仅是潮州府楼，也连带将潮州府延续几百年的辉煌一并消逝在火光之中。在一些说法上，人们在“潮州”与“潮汕”之间喋喋不休地争论着。这个争论的由来，或许也可以追溯到烧毁潮州府楼时，“潮州府”牌匾陨落的那个瞬间。

辛亥革命以后，潮州府衙旧址成为潮安县政府的办公所在地。中华人民共和国成立后，是潮安县、潮州市（县市合并时期）政府所在地。1991 年 12 月潮州市升格为地级市，这里是潮州市政府所在地，也相当于府署的意义，后潮州市政府迁址，这里拆建为古城公园。2016 年潮州市启动了旧府衙（百花台）片区规划，复建“镇海楼”列为古城区旅游发展规划项目之一，也通过了专家评审。这张老照片，也是未来复建时的最重要参照。

◀ 这张照片与镇海楼照片也在相册的同一版上，通过照片中石刻上“礼让”“光绪四年”“何昆玉敬书”的字样可知这栋建筑为金山上的金山藏书楼。《潮州金山志》中记载：“何昆玉题字礼让，右刻在山颠绝顶马公墓前。石为偃卧，‘礼让’二字径可二尺，汉书直行，又勒‘光绪四年二月何昆玉敬书’十一字，平分左右，径各半尺。潮州、海阳各《志》俱失载。”从照片中可见藏书楼为结构硬山加檐（且加副阶），外观歇山，加装悬鱼，四面通廊或三面通廊，加装格扇窗，为一美轮美奂的潮州传统阁楼建筑。1887 年 12 月，两广总督张之洞在巡视潮州期间视察金山书院，倡议辟建金山藏书楼。五年后藏书楼落成。张之洞题匾“小嫏嬛”，“嫏嬛”即“天帝藏书的地方”。为当时潮州府藏书最多的地方，被毁于1922年的“八二风灾”

时钟楼消失的钟声

▲ 1904 年，刚落成时的时钟楼。拍摄者未知。教堂前的池塘叫翁厝池

圣母进教之佑大堂（Maria Auxilium Christianorum）是罗马天主教在潮州的哥特式教堂，原规模在广东省内仅次于广州圣心大教堂。

资料记载，早在雍正二年（1724年）潮州城内已有教堂，但这个教堂并没保留下来。清光绪十一年（1885年），巴黎外方传教会传教士布塞克神父（Jules Boussac）呈请潮州府批准，在府城购地建教堂，当年奠基，由法国籍罗尚德神父（François Roudière）主持续建工程，全部由潮州本地工匠打造，直到光绪三十年（1904年）方才建成，历时19年之久，大堂面积1185.48平方米，全名为圣母进教之佑大堂。

教堂内部结构经过一定的声学设计，神父讲道无需扩音器全堂便都能听到，共有16根大罗马柱和26根边柱，构撑着由28个拱顶连成的天花板。当年，它直辖着岗山、浮岗、沙溪、贾里、人家前、玉窖、枫溪等地教堂和祈祷所，如今重修后的它仍位于原址上，即在今潮州中心医院内，而教堂另一侧通往羊肠小巷的后门上还保留着刻有奠基时间的麻石碑。

那时，教堂顶部有一大钟，因而潮州人昵称它为“时钟楼”。民间有句俗语：“目花花，时钟楼睇作莫斯科。”说的是它集罗马式和哥特式建筑风格于一体的建筑形象。它在一片传统的、低矮的潮汕民居群中，高耸突出，充满异国风情。教堂的第五层至第七层这三层楼中，最高一层呈半球形，灰、铁结构栏杆绕着半球。高大的“十字架”耸立在半球的中心之上。第六层楼体吊着一口铸有圣女“圣若翰纳”像并刻有拉丁文说明的大铜钟，钟高约1.7米至1.8米，圆周两人拉着手都合不拢。

据教堂人员回忆，另有一把20多磅重的自动敲击锤，每小时敲击两次，第一次提前两分钟敲击，第二次正点敲击。第五层称为钟橱，南北两面配有钟面，装上指针。当时，距离几百米以内都能清楚地看到钟面指针所指的钟点。钟橱里的一边，装有一个小时钟，可用人工调节，带动和校正大时钟的钟点。钟橱里的传动部分有六个大大小小的齿轮，互相咬合传动。大时钟还有一根两端系着两颗大铁锥的钢丝绳连接在传动轮上，由曲轴传动。每个周末，两颗铁锥坠到钟楼底层的楼面时就说明大时钟快停了，于是由两个教徒来转动曲轴，使大时钟上满链再继续运转。在往后60多年时间里，每当时钟楼钟声

▲20世纪初的明信片，拍摄者未知。图中孩子是在时钟楼外参加早操活动的学童。男生头上均拖着一条长辫子，是于清末所摄。此学堂的具体位置在时钟楼北侧，门口已被封，墙仍在。据说他们当时学习英文及自然科学，是潮州府最早一批接触西学的学生

响起，钟声响彻古城，“惠及三溪（枫溪、意溪、涸溪）”，直至1966年，时钟被红卫兵拆下，传闻被运至当时的潮安县农械厂打碎熔化，时钟楼上层部分也被一并拆除。

关于时钟楼，还有几个重要的时间节点：1914年，汕头教区成立。在此以前，潮州天主教会隶属广州教区。据说当时教会原想把此堂作为汕头教区的主教教堂。1935年，法籍华敬谦（Charles Vogel，1878—1958）神父，在时钟楼举

▲ 20 世纪初法国明信片，拍摄者未知，由 A. Douspis 出版

行祝圣大典。1939 年，日军入侵潮州，外籍樊懋超神父尽力接待避难居民，并到日军宪兵部保领被拘捕的良民。1966 年，时钟楼受到破坏并被占用，正常宗教活动停顿。至 1985 年，时钟楼正式从潮安医院接管过来，重新为教会所有。2014 年，举行“圣母进教之佑”瞻礼暨圣堂落成 110 周年庆祝活动。

今日之教堂，依旧是潮州天主教信众们的精神家园，每个礼拜日、教会节日，赞美主颂曲依旧飘扬。只是，城里少了当年的钟声。

▲“这是潮州府的天主教堂。从远处看去，即使是很随意按下快门，拍出来的照片都显得很有气势。它是潮州城内的地标，左下角是个佛教寺庙。这张照片是我站在城墙上拍的。”——克里斯，摄于 1921 年

寻觅番仔楼

这张照片附有这样一段说明：

致洛蒂·兰·喜理文（Lottie Lane Hildreth）：我们的房子在中国的潮州府（潮安），这个角度可以看见房子的侧后方，而江就在左下方流过。在阳台一端那个有窗户的小白方形屋子是个厕所，它就在客房后面，属于客房的一部分。客房的左边是主卧，而我们吃饭的餐厅和储物间都在楼下。

如果从不同角度看房子，是可以看到房子不同的部分，与上面的说明也会

▲喜理文牧师的房子

有些细微不同，还可以注意到房子前面有个牢固的大门。

这是美籍牧师喜理文写给妻子洛蒂·兰·喜理文的信，信中他向妻子描述了他们在潮州府居住的房子。喜理文牧师夫妇于1913年秋抵达汕头，他们首先去了汕头学习潮州话，后来调往潮州府城工作。从信中判断，应该是喜理文牧师先到潮州安顿完了，牧师娘随后才到。

放大图片，可以看到说明中描绘的关于这座建筑的一些细节。照片拍摄的是潮州府城笔架山下坑的一个山丘上的番仔楼。据《潮州市志·大事记》载：

光绪二十年（1894 年）美国基督教士金士督在笔架山建造两座牧师楼，并先后在马王庙、十八曲等地创办宣道所传教。

记载中的牧师楼，便是后来潮州民间昵称的“番仔楼”。金士督先生在潮州府工作多年，他在韩江边上成功获得了这片高地，先后建了两栋房屋，一栋给自己住，另一栋给协助他工作的马便磊牧师居住。后来，金士督先生回国休养期间这里的工作曾由陆亚当先生接任了一阵。只是，金士督先生回国不久便去世了，原本协助他工作的马便磊牧师也因健康问题回了国。之后，便留下这两座房子空置无人打理。护国运动期间，潮汕地区在莫擎宇领导下发动讨袁运动。1915 年 3 月 27 日，莫擎宇进占潮州，南北军两军对垒，受商会要求，查理文牧师协同英国长老会宣教士组织出面调停，使潮州城免于兵祸。喜理文牧师夫妇就是这期间被派往潮州府城工作的，自然也便成了“番仔楼”的新主人。1917 年，喜理文牧师创办了真光学校，1918 年夏也离开潮州府城去西伯利亚。

在喜理文牧师的相册中，有一张全景照（上图），照片注明的文字是：

▲ 这张全景照可以看到江两岸的房子以及远处绵延不绝的山，这里可以成为拍摄潮州全景的最佳机位

从喜理文牧师的房子看出去，能看到流经潮州府的韩江和江上的湘子桥。

这足见当年金士督牧师选址的目光。它北有韩文公祠、湘子桥，东有宋代古窑遗址、韩山师院，西有雄峙古城、东门楼，南有凤凰塔、凤凰台，佳位占尽。日本侵华时期，这里也曾被日军占领，成为迫害抗日志士的场所。后于 1958 年，番仔楼又改为潮州市疗养院。然而这座番仔楼目前破败不堪，尚未得到修复保护。其实，早在 1995 年 7 月公布的《潮州历史文化名城保护规划》第四章“风貌规划”第一节“自然景观风貌区”第五条中便写道：“笔架山自然景观风貌区包括韩祠、笔架山宋窑、番仔楼和笔架山山体，其主要保护开发措施有建设韩祠前广场，控制韩师向北及向山顶扩展，开发笔架山宋窑及番仔楼作为游览景点。”如真能重修保护，这里将成为审视潮州历史文化名城的放大镜。

下页还有另一座番仔楼的照片，是在 1924 年 6 月拍摄的，作者如此描述：

几个人站在房屋的台阶上，这是一座石构地基很巨大的建筑，是为防御洪

水侵袭而建。照片中另一栋能看见的建筑紧挨着它。房子是一种中西结合的样式，共有五个拱门柱，屋顶是以瓦片铺成的屋檐盖顶。

说明中提到为了防御洪水而用巨大的石块砌成地基的这座楼，就是坐落于南堤顶上的番仔楼。据说当年番仔楼建成后，南关外堤顶一直是教会医院所在地。照片上可以看见楼梯上站着几个人，从人物的衣服样式上看像是护士或是传教士，从侧面也印证了这个事实。

据《潮州市志·大事记》载：光绪二十二年（1896 年）三月，英国基督教长老会在潮州城南关外建立的宾为邻纪念医院落成揭幕。这是潮州第一所颇具规模的教会医院，该院设病床 40 张，门诊分内、外、眼、牙等科，还附设妇产科，从此，西法接生传入潮州。而《潮州卫生志》载：当时的宾为邻纪念医院拥有九座二层大小不等、面积共约 2500 平方米的建筑物。

其中，有三座风格独特、内饰讲究的欧式楼房，大致南北坐向，直线排列，习惯称之为南楼、中楼、北楼。番仔楼首层地板与地面留有几十厘米的隔离层，

▲《潮州府的房子·中国·1924》

故亦称“吊脚楼”。因习惯称英国人为“红毛”，也有人称之为“红毛楼”。

后来的汕头地区人民医院（现汕头市中心医院），其前身就是从这里迁出的潮州福音医院。新中国成立后，潮安县人民医院、爱民医院也曾设于此，至20世纪70年代初才迁至现环城西路市中心医院处，而将潮州卫校（曾先后称潮安卫校、汕头卫校）迁至此处。后来在20世纪80年代，潮州卫校为建礼堂，将中楼拆除，只保留南北二楼。

另据在卫校工作多年的教工回忆，1983年10月7日，潮州贝理神学院最后一任院长，80岁左右的胡德牧师与任杜力牧师的儿子任韦廉夫妇从英国回到卫校参观，任韦廉是在番仔楼出生的，这几名曾经在潮州生活的英国人来到番仔楼旧址寻根，拍照留念。只可惜，剩下的南北二楼更不及笔架山上那座番仔楼幸运，已在2006年被拆除。

番仔楼是近代潮州中西文化融合的见证，对于研究潮州的宗教、医学、建筑等的历史是一不可多得的文化遗产，也是潮州有意义的历史坐标性建筑物，希望有关部门能进行修缮保护。

凭吊潮州牌坊

潮剧《荔镜记》里有句美妙的唱词，即李姐对五娘说道：

转入察院衙，直落下东堤，行向开元前，转过西街。看看七丛松，再到清水宫，游赏蓬莱境，出了大街，我做引路师，包你各社花灯都能看。

这段唱词中的地名有些还在，“开元前”还是那个“开元前”，“七丛松”也还是那个“七丛松”。而察院衙改称“卫星一路”，“蓬莱境”只剩下古树庙街的一个台基。牌坊街名声之大也盖过了它的原名“大街”和“太平路”。外地访客觉得牌坊街很漂亮，但目之所及，是近年重修的，如今的人们急着让它们重生，就像当年急着让它们倒下一样。

小时候，记忆里只有海阳县儒学宫前的昌黎旧治坊，那是 1986 年重建的牌坊。黄梅岑先生的《潮州牌坊纪略》则静躺阿公的案头，偶尔翻来，每座牌坊详细的记述让人想象不来。

1950 年 12 月 17 日 5 时左右，邮政工人许焕坤骑自行车沿太平路由南到北，经过“百岁乡宾”坊时，牌坊倒塌，遂卒。19 日成立“拆卸废亭（在潮州，‘坊’又称‘亭’）委员会”，报经潮安县人民政府批准实施。至 1951 年 4 月，全城拆了牌坊 36 座，剩下三坊中的“岳伯”“省郎”二坊随后也难逃“文革”厄运，最终仅存位于北马路的忠节坊。

蔡澜先生在《府城》一文中叙述道：

我是府城人，这回本想记录下父母亲的旧居，但我有一段不是很愉快的回忆，

▲一名工人正在拆除一座牌坊，具体是哪座，不甚清楚。下方不少群众在围观，那是 1951 年初的某一天

阻止我前往。老家府城，旧时相等于日本的京都，到处是古迹。看过照片，一条街上有数十个牌坊。从望远镜的角度，重叠又重叠，煞是优美。“文化大革命”后去过，什么都没有了，牌坊的石柱，被拆光了，剩下的当成石，摆在公园里让人坐。

2004 年 4 月，潮州市开始重建牌坊，共建古牌坊 22 座，于 2009 年 10 月 1 日竣工正式对外开放。如今的潮州太平路牌坊，除了少部分石头构件是用回之

前拆卸留下的旧件，其他都是新东西。后人鲜少知道这条府城中心大街曾经的模样。

这里的大部分牌坊老照片，基本是在1950年被拆前照的，也算是自1517年至1950年兴建的91座牌坊里硕果仅存的39座中17座的“遗照”，不知里

▲这张照片收录于格本号旅行相册中（拍摄时间为 1909 年或 1910 年）。拍摄者站在高处拍摄，一眼望去，是重重叠叠的牌坊，一栋西式洋房点缀在传统民居群落之中。照片接近蔡澜先生描述的那个像日本京都的潮州府城。照片中可见八座牌坊，近处是“四朝大老”（三世尚书）坊，此坊有潮州坊字最佳的美誉。这张照片也是目前唯一能看到“四朝大老”原坊字的老照片

面有没有蔡澜先生提及的那张。这里按照从南到北的顺序排列，有些照片因为背光而不好辨析。让我们一起回溯时光，欣赏她们曾经的姿容。

▲十相留声坊南面

十相留声太山北斗坊

乾隆《潮州府志·坊表》有记载：

十相留声坊在府治前新街，为唐宰相——常衮、杨嗣复、李德裕、李宗闵和宋宰相——陈尧佐、赵鼎、吴潜、文天祥、陆秀夫和张世杰建。

太山北斗坊在府治前，为唐韩愈建。

北额镌“十相留声”，南额镌“太山北斗”。

“十相”之中，在潮州时间最长的是赵鼎，前后五年；时间最短的是张世杰，南宋小朝廷流亡时经过。“十相”之中，文天祥、张世杰二位是“转战”潮州，其余八位则是“贬谪”潮州。为了“十全十美”之意，凑出了“十相”。

这座牌坊还有非常特别之处。实际上，它是由两座牌坊合二为一的。南额镌“太山北斗”，是为纪念韩愈而刻。明代曾单独建有太山北斗坊（位于今昌黎路海阳县儒学宫前），后原坊倒塌，后人将其与十相留声坊合并。1988 年，原坊处重修昌黎旧治坊（该坊原立于昌黎路东端），西额镌“昌黎旧治”，东额镌“岭海名邦”，亦为了怀念韩愈。

▲十相留声坊北面

▲秋台坊

秋台坊

乾隆《潮州府志·坊表》有记载：

> 秋台坊，在大街。为尚书王大宝建。

王大宝（1091—1165），海阳人。南宋建炎二年（1128年）廷试进士第二，是宋代岭南唯一的榜眼。历官至礼部尚书。秋台坊原在太平路砖亭（潮州话中牌坊也叫作“亭”，砖亭就是砖牌坊）巷口。南镌“榜眼”。

“秋台”，秋，主肃杀，古指与律令刑狱有关之事，如指司法、监察官员及官署为“秋宪”；台，古代中央政府的官署。

“榜眼”，过去进士殿试，第一名为状元，第二、三名为榜眼，意为榜有两眼。至明清即第二名为榜眼，第三名为探花。

秋台坊是多灾多难的。据《潮安县城关镇亭坊简略史迹》所载，此坊“当是明代追建者”。雍正《海阳县志》言“废于火”；乾隆《潮州古城地形图》则标示“废砖亭”，说明此坊原来就是砖石结构，且至乾隆年间仍然废弃。直至道光八年（1828年）方重修。1918年潮汕大地震，此坊亦未幸免。1924年才由裔孙延康、敏斋合族重修。

“遗照”上，我们可以看到“全潮汕人民为保卫世界和平”的时代性标语字样。

▲赐锦重光坊南面

▲赐锦重光坊北面

赐锦重光坊

乾隆《潮州府志·坊表》有记载：

赐锦重光坊，在大街。为国朝甲辰进士，巩县知县邱轩昂建。

赐锦重光坊是为邱轩昂建的。邱轩昂，潮安凤塘镇麟坪村人，雍正（1724年）甲辰科赐进士，历任河北深泽县、河南巩县知县。

北额“赐锦重光”意为朝廷锦诏，赐予重重光辉。

南额“貤封叠被”，“貤（yì）封”指旧时官员以自身所受的封爵名号呈请朝廷移授给亲族尊长。

▲吴楚重镇坊

吴楚重镇坊

乾隆《潮州府志·坊表》有记载：

吴楚重镇坊，在大街甲第巷口。为侍卫、湖北总兵林炳星建。

林炳星，今湘桥区人，为乾隆七年（1742年）二甲武进士，授御前三等侍卫，且曾任湖北宜昌镇总兵，湖南、湖北等处军旅参军，负责统领、镇守，故而坊额称“吴楚重镇”。

南额镌“四世大夫”，林炳星之曾祖父、祖父、父亲及其本人，封、诰封皆为大夫，故称“四世大夫”。

1950年末，坊被拆。拆前的“遗照”上，我们可以看到贴有两条标语：美帝国主义是外强中（干），我们要仇视蔑视鄙（视）。

大理少卿坊

乾隆《潮州府志·坊表》有记载：

大理少卿坊，在大街。为大理少卿吴一贯建。

何谓大理少卿？

大理，非如今云南的大理，而是指“大理寺”，为明中央司法复审机关，其司法地位高于刑部。“少卿”为副职。南额镌“经略边务”。

吴一贯，今潮安彩塘镇水美村人，明成化十七年（1481 年）进士。他 26 岁时考中进士，最初任江西上高县知县，因为他做事勤谨，廉洁自律，兴办学馆，惩治贪官，成绩显著，于是提升为御史。明孝宗弘治年间，他又先后任浙江、福建按察使，后又升任大理寺右丞。《延庆卫志略》书中这样记载：

八达岭城为明孝宗弘治十七年（1504 年）经略边务大理寺卿吴一贯规化创修，城上跨东西两山，下当两山之冲，除建八达岭城外，还有六百六十丈边墙。

也就是说，北京八达岭长城是吴一贯主持规划建造的。当年因为蒙古鞑靼时不时总要来骚扰明朝北部边境，吴一贯受命到边关出巡，在出巡过程中发现了长城一些关隘年久失修，防御出现漏洞，于是才有了后来重修八达岭长城的伟大工程。这也是吴一贯留给后人重要的遗产。

这张照片给出了很有意思的信息，我们不妨提出一个时尚的问题——生在 20 世纪 50 年代的潮州，你可以看什么电影？

答案之一是牌坊正中贴着的大广告——你可以看一看苏联电影《夏伯阳游击战》（在后面其他牌坊照片上还可以看见更多当年流行电影的广告）。

《夏伯阳游击战》是根据富尔曼诺夫同名小说改编，由苏联列宁格勒电影制片厂于1934年出品的电影。光华影业因政治宣传，于20世纪30年代引进上映。

▲大理少卿坊

电影讲述卫国战争期间红军英雄夏伯阳的故事：本是农民的夏伯阳，虽然英勇善战但始终没有更高的觉悟。在政委的帮助下，他用马克思主义理论来指导作战，并最终成为一个共产主义战士。

▲侍御坊

侍御坊

乾隆《潮州府志·坊表》有记载：

侍御坊，在大街。为进士、苑马寺卿成子学建。

成子学，这是个好听的名字，他是如今的潮安龙湖人，明嘉靖二十三年（1544 年）进士。

侍御坊原在太平路三家巷口南畔，坊两面字同。

唐代称殿中侍御史、监察御史为侍御，后世沿袭此称。成子学曾以河南道监察御史奉使清理两淮盐政。

坊建于明嘉靖年间，拆卸于 1950 年。

这是一张很有纵深度和层次感的老照片，强大的移轴效果使照片由远及近，呈现一座座端正的牌坊，最近处就是侍御坊。而利用慢门呈现着牌坊街上热闹的场景。那些望着镜头的人，如骑车的人、担着两个箱子和拎着药包的两名男青年、戴着毡帽认真站立的中年男人……既有动态又有静态，我们在观看他们的同时，他们也仿佛正在看着我们。

▲少司马坊

少司马坊

乾隆《潮州府志·坊表》有记载：

少司马坊，在大街。为兵部侍郎总督宣大等处翁万达建。

少司马坊北额镌“大总制”，下镌“明，赐进士，兵部尚书”。“大总制”“进士”“兵部尚书”指的都是翁万达。

翁万达，明揭阳鮀江里举登村（今汕头鮀浦镇）人。嘉靖丙戌（1526年）进士，出任梧州知府，1543年转调陕西左右布政使，不久升为副都御史，同年12月拜兵部侍郎总督宣大（宣化大同）、山西、保定军务，人称三边大总制，后官至兵部尚书。

南额镌“少司马”。“司马”，《周礼》六官之一的“夏官司马”，掌军事、军需等事。后代以“大司马”称“兵部尚书”，以“少司马”称“兵部侍郎”，由此知建此坊时翁万达只是“兵部侍郎”，未封兵部尚书。

从这张照片可以看出，摄影师在拍摄时，路人都站到了街道的两侧围观，给前景留出了干净的空间。而画面中心的牌坊上清清楚楚贴着电影《太平春》的广告，在其上面还有“肥猪菜”的广告。“肥猪菜”其实不是菜，而是一种药。维基百科中这么记录：

肥猪菜，又称猪胃药、猪胃散，是中国兽医药家张农林研制、主治猪只肠胃病的药。张先生于20世纪40年代在香港成立农林药局，制造的肥猪菜在国内粤港澳台地区和新加坡、马来西亚、越南、泰国等国家行销。至20世纪50年代，在中国广州设厂继续生产。广东省中兽医委员会的《广东中兽医史》有所提及。

在另外几张牌坊街照片中，肥猪菜的广告亦有出现。20世纪50年代的潮州，商业繁荣，当时许多知名品牌纷纷入驻潮州市场。

▲宗伯学士坊北面。今日重建的宗伯学士坊南移到载阳巷口

宗伯学士坊

乾隆《潮州府志·坊表》有记载：

宗伯学士坊，在大街。为南京礼部尚书黄锦建。

黄锦，饶平大埕镇上黄村人。他官至尚书，故称“宗伯”。宗伯是周代六卿之一，掌宗庙祭祀等事，后世礼部之职称为“宗伯”。黄锦当过侍讲学士，故额为“宗伯学士”。

南额是“三世宫端”，因为黄锦曾任詹事府正詹事，负责内宫事务，祖上被赠官职，故称之。在府城内，还留有其罢官返乡的居所——黄尚书府（亦称“三达尊”，在今上西平路）。

上页这张照片的右下角处贴有《铁血男儿》的广告，影片由双龙影业公司于1948年拍摄，讲述了教师黄三奋误杀日军，逃难沦为盗贼，与学生仲康盗取日军军火，不料因同党通风报信，在火药库中与日军激战，最后壮烈死亡，而仲康成功盗取军火的故事。

▲宗伯学士坊南面

▲拍摄于 20 世纪 30 年代的宗伯学士坊，图中“黄千盛金银首饰店”创始于清末，当时和千祥金铺、千兴金铺并列为潮城金铺业三大巨富，当时正是潮州金铺的全盛时期

▲宗伯学士坊上挂着“吴祥记公司”的广告

这两张照片是民国时期的宗伯学士坊。照片中，有人拉着三轮车，有人穿着短裤拿着一个桶，有人披着大衣戴着礼帽，男人穿着长袍，女人穿着旗袍，那个背着手的警察挎着一把长枪。照片中可以看到“吴祥记公司”“黄千盛金银首饰店”“冯强胶鞋经理处”“福来堂”“谢木记绸庄”等老字号的招牌和广告。

这些老字号是自清代、民国以来潮州地区各行业开办的商铺，20 世纪 50 年代初，在潮州城区范围内进行过一次工商普查，潮州城区清代开业的字号就有 51 户。其中名气较大的有汪胜昌纸遮店、郑义成鞋店、陈登科笔墨店、王振和眼镜店、信美油行、德隆绸庄、德合记鼎厂等。而在新中国成立前，潮州府城仅建筑类的商铺就有 112 间之多，这些老字

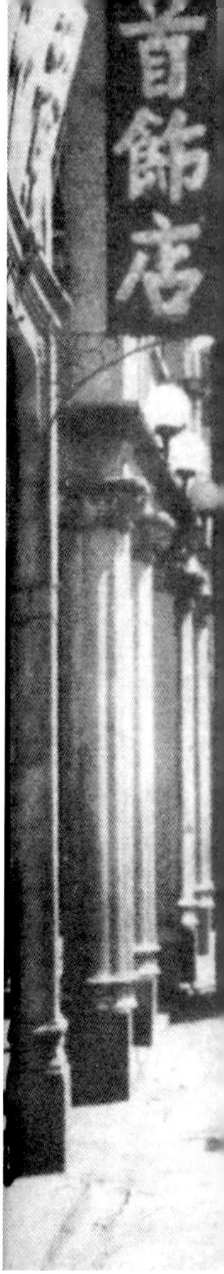

号品种全，数量多，涉及人们生活的方方面面，衣食住行不一而足。当年的大街，也就是现在的牌坊街，是潮州府城最为繁华的商业中心，是联结外地进货与本地消费的纽带。1934 年，整条牌坊街经营的商铺就达 372 家。

吴祥记曾是中华人民共和国成立前潮州城第一百货商行，在广东省内外的大商埠中也享有声誉。财东吴雪薰年少时家贫，原在开元路摆卖纸扇。1919 年在大街利源街口北面租了一间小店，开创吴祥记百货商店，后因生意兴隆而建成大型百货商场，占地 680 平方米。全盛时，吴祥记流动资本总额高达 200 多万元港币，以独资和联号两种方式，在上海、广州、香港、汕头、厦门等地开设分号，雇用员工 170 余人。

据当年吴祥记职工张得海老人家回忆，“吴祥记”当年各联号的职工加起来有 200 多人，顾客来自天南地北，哪里人都有，因为当时城里的百货商店很少，所以连农村的人都跑来买东西，每天从早上七点半营业到晚上九点半关门。

到了 1939 年 6 月 27 日，侵华日军攻进潮州城，同样是在宗伯学士坊前，我们从图片上依旧能看到“吴祥记公司”的横幅，黄千盛金铺、谢木记绸庄、冯强胶鞋铺的招牌，只是这些商店均已大门紧闭，大街上没了熙攘的行人。潮州城沦陷后，大街上许多商店关闭，直到抗日战争胜利后才陆续复业。

1946 年，吴雪薰还在义井巷 25 号大兴土木，兴建自己的豪宅——“雪居”。豪宅共 28 间房、99 个门，耗费 2000 两黄金，历时两年建成。民间有俗话：“吴祥记大厝皇宫起（意思是吴祥记的大宅修建得像皇宫一样豪华）。”1948 年，雪居完工，但主人并未住在其中享受过，因时局变化，

◎吴祥记公司的招牌

▲ 1939 年 6 月 27 日，侵华日军攻进潮州城

吴雪薰便举家移居香港，大宅遂成空屋。

到了 20 世纪 50 年代，参加公私合营的“吴祥记”由政府接管，并入国营商业企业。时过境迁，商行已不再，只剩下当年吴雪薰的一些故事和那座改造成旅游民宿和私房菜馆的“豪宅”。

潮州牌坊街是潮州一笔重要的文化遗产，从其中的潮州老字号可以一窥潮州近代商业发展过程中的一个侧面，也可从中领略潮州文化的精髓。今日牌坊街两侧骑楼的墙面上还保留有一些当年的老字号。

▲ 20 世纪 50 年代的三世尚书坊。对比前面拍摄于 20 世纪初的图片（第 130—131 页），该坊原恩荣匾额两边的蟒形图案已经不见

三世尚书坊

乾隆《潮州府志·坊表》有记载：

三世尚书坊，在大街。为赠太常卿林瓒、子林乔樌及孙户部侍郎赠尚书林熙春建。

林熙春，海阳龙溪（今潮安庵埠）宝陇村人。在京任职期间，河北玉田县发生兵变，他不顾个人安危，进城向叛军宣扬朝廷威德，陈说利害，终于使他们归顺朝廷。

林熙春终年80岁，皇帝追念他的功绩追赠其父、祖父以尚书封号，遂并立三世尚书坊表彰。坊南额镌“四朝大老”，因林熙春辅万历、泰昌、天启和崇祯四朝皇帝，故称“四朝”，“大老”是对他大官的称呼，亦指他是德高望重的老人。

三世尚书坊在今市区太平路分司巷口，南额镌“四朝大老”，北额镌“三世尚书”。潮州有俗语，“大街看亭字”，指的是欣赏太平路上牌坊的书法艺术。据说该坊这八个字是全坊里书法最佳的，有“含苏轼、黄庭坚、米芾之能”的美誉。但后期重修，由于当时没有南额的影像资料参照，“四朝大老”四个字是由今人所书写的。这件事也足以说明，影像对于还原历史原貌之重要意义。

▲理学儒宗坊南面，中间贴有何济公广告。两侧柱子则有“抗美援朝，保家卫国”八字。1950 年 10 月，正是抗美援朝战争开始时期，推测这张照片拍摄于该年 10 月之后

理学儒宗坊

乾隆《潮州府志·坊表》有记载：

理学儒宗坊，在大街。为吏部郎中唐伯元建。

唐伯元，澄海苏湾都人，万历二年（1574 年）考中进士，历任江西万年知事、北京礼部制司主事、湖广秋闱主考、尚宝司司丞（专掌皇帝宝玺、符牌、印章），又升任吏部选司员外郎，“理学儒宗”指他的学术成就。

南额“铨曹冰鉴”的“铨”指选拔，“曹”为官吏，“冰”指清白，“鉴”为明镜，指唐伯元迁吏部员外郎，考功文选郎中，明帝整顿铨政，他能悉心整剔，使铨政肃清。

该坊建于明万历四十五年（1617 年）。下层梁坊间被安排嵌砌着两幅通雕麒麟，中间是梅花鹿、双狮和锦鸡，寓意是高官厚禄、公正无私和衣锦还乡。此坊因正中两柱前后各立一对石狮子，俗称“四狮亭”，这在潮州牌坊中是绝无仅有的。

▲理学儒宗坊北面，牌坊上贴着“哈尔滨之夜”，这是 1948 年上映的抗日电影的名称

关于这对狮子，民间还有这样一个故事。相传明末清初，潮州总兵刘进忠抗击清兵，与清军副都统邓光明在城里追赶厮杀到四狮亭附近。邓光明见刘进忠坠马，急忙追上，将左手铁链向刘进忠打去，无奈打空，却打着四狮亭的石狮，石狮耳朵打去了一只，邓光明眼睁睁望着刘进忠直奔镇台衙门而去。自此石狮缺了一只耳朵。潮州人也有了一句歇后语。叫“四狮亭石狮——独耳”，暗示此人姓“陈”。

▲圣朝使相坊南面

圣朝使相坊

光绪《海阳县志·建置略四》记载：

圣朝使相坊，在铺巷口，状元坊次。为进士、太子太保、直隶总督郑大进建。

郑大进，揭阳揭东玉滘镇人。清乾隆元年（1736年）登进士，官至直隶总督。

直隶总督，是清朝九位最高级的封疆大臣之一，为疆臣之首，总管直隶的军民政务。

南额镌“圣朝使相”，“圣朝”是清朝人对本朝的尊称，“使相”是对其直隶总督的称呼。

北额镌“覃恩三锡”，“覃恩”是旧时皇帝对臣民的封赏，“三锡”即“三赐”，指郑大进自其曾祖得赠三代大夫。

▲圣朝使相坊北面，逆光下，只能看到其轮廓

▲状元坊

状元坊

乾隆《潮州府志·坊表》记载：

状元坊，在大街。为嘉靖壬辰科状元林大钦建。

该坊原在太平路铺巷口，坊字两面同。为四柱三间三楼石坊，柱前后置夹杆石，次间额枋上皆为精雕细琢的麒麟、龙等祥瑞动物。它的第一层承载全亭上部的梁是整条的，这与其他牌坊不同，表示状元为国家栋梁之意。后重建的状元坊的“状元”二字是由国学大师饶宗颐先生重书的。

上页照片上，可以更为清晰地又一次看到由文华影业公司于1950年摄制的电影《太平春》的广告。这部电影讲的是解放前，浙江东部小镇的赵老爷见刘凤英貌美起了歹心，串通反动军队抓了刘凤英的未婚夫根宝当壮丁，并迫使凤英嫁给他。结婚之日，根宝和凤英在乡亲们的帮助下逃出虎口，家乡解放后，过上了幸福美满的生活。

此外，还可以看到也是由文华影业公司摄制的《哀乐中年》广告，上映时间是1949年。这部由桑弧导演、充满浓烈“作者式”味道的影片被香港导演李翰祥誉为当时最有价值的影片之一。影片讲的是人到中年的小学校长陈绍常在妻子去世之后未再续弦，子女长大成人之后虽然孝顺，却只想把父亲当成宠物养起来，而缺乏对其情感心灵的真正体贴。父亲的再婚果然引起了轩然大波，好在陈绍常意志坚定，我行我素，终于开放了爱情和生命的二度梅。

关于状元坊的另一张照片（下页）则拍摄于20世纪20年代末，是更早期的影像。这张照片解读起来亦有众多有趣的细节：大街上人来人往，有人拉着人力车穿梭其间，状元坊上贴满了各种广告标语，有众多杉木横架于两侧骑楼之间，还可以看到电线杆、电灯及电线，当时潮州城已用上了电。照片从左到右，我们来罗列下照片中能辨识出的文字：生生药房专营欧美西药、正铺华英泰大西药房、平平药房(由此巷进)、生生药房、公余公司、香草牌香烟、美丽牌香烟、岭南西药房、潮安广告公司开幕、三星春药、宏兴药行、高州采仪轩专医花柳、

狀元
平平藥房
生生藥房
Mee Cheung
SWATOW
汕頭美璋

宏兴药行正路参茸发行……不愧是潮州人口中的“大街”，商业气息极为浓郁。

从前面牌坊以及状元坊这些电影、药品等广告中，可以看出，新中国成立初期的牌坊与旧时作为榜样的牌坊以及今日重修后作旅游观光之用的牌坊相比，其功能有着很大不同。民众多不再关心它们的历史意义，它们在最繁华的府城中心大街，是商家抢占的广告位置，也自然成为特色一景，当然，换个角度讲，也掩盖了牌坊自身的美观。

◀ 20 世纪 20 年代末的潮州状元坊，由汕头美璋照相印制

↘ 链接：美璋照相

20 世纪初一些老照片上常常标有“Mee Cheung 美璋”或类似的字样，它们由美璋照相出品。Mee Cheung 是 19 世纪 90 年代至 20 世纪 30 年代在华南一带十分活跃的香港美璋照相馆的英文名称。该照相馆规模不小，在 20 世纪初曾数次获奖，并曾为到访的英国王室成员服务。汕头美璋照相是其在汕头开的分店。

▲四进士坊北面

四进士坊

乾隆《潮州府志·坊表》记载：

四进士坊，在大街。为明正德丁丑科进士萧与成、陈大器、薛侃、苏信建。

为翰林院修撰萧与成、陕西道御史苏信、河南道御史陈大器、行人司正薛侃立。

有统计，终宋一代，潮州中进士者达172人；明以来，潮州进士160人。那么这里所指的四个进士是其中的谁呢？

此四人是同时在明正德十二年（1517年）登进士的萧与成（今潮阳人）、陈大器（今潮阳人）、薛侃（今庵埠人）、苏信（今饶平人）。

▲这座四进士坊两面刻着相同的字，南面由于背光，看不到字

▲青琐崇班坊

青琐崇班坊

光绪《海阳县志·建置略四》记载：

> 青琐崇班坊，在后巷口文宗坊次，为明赠太常卿林乔槚子，户部侍郎赠尚书林熙春建。

青琐亦作“青锁”或“青璅”，为装饰皇宫门窗的青色连环花纹。《汉书·元后传》：“曲阳侯根骄奢僭上，赤墀青琐。”颜师古注：“青琐者，刻为连环文，而青涂之也。”后华贵的宅第、寺院等门窗亦用此种装饰。《后汉书·梁冀传》：“冀乃大起第宅……窗牖皆有绮疏青琐。”后来多用青琐借指宫廷。崇班，高位也。唐代卢怀慎有《奉和九日幸临渭亭登高应制得还字》一诗：“无因酬大德，空此愧崇班。”青琐崇班，是褒奖林熙春位列朝班。庵埠镇宝陇村林氏家庙，俗称青窗祠，也是青琐之意。

2004 年 4 月，重建牌坊时，此坊没有被重建。

这张照片中，青琐崇班坊下，有二三十人看着镜头合照，其中，有一男子双手插裤袋，相较其他人富态而自信。经由郑雪侬老先生辨认，他是当年林权记百货的财东林子平，土名阿哑，在当时的大街上，因其财力雄厚而家喻户晓。

▲秋省饬澧坊

秋省饬漕坊

乾隆《潮州府志·坊表》记载：

秋省饬漕坊为明赠刑部员外郎张志可子、刑部员外郎张凤翼建。

秋省指的是天子于秋季田猎而祭神，饬漕指的是管理漕运的官员。南额镌“龙章光锡”，是指皇帝所赐的荣光。

张志可与张凤翼为澄海县下外莆都冠山乡（今汕头市澄海区澄华街道冠山社区）人，《潮州城区古坊志》所记，牌坊北额镌“秋省饬漕”，下镌：“中宪大夫、云南按察司副使兼布政司右参议、分守金沧道、前刑部河南清吏司郎中、奉敕赞理漕运、钦恤粤刑张凤翼”。坊南额镌“龙章光锡”，下镌：“敕赠承德郎、刑部福建清吏司主事、诰赠奉直大夫、刑部贵州清吏司员外郎、原任广西罗城知县、崇祀乡贤张志可”。

▲秋省饬漕坊南面，上面还贴着新加坡跌打损伤药“黑鬼油”广告

▲千里棠阴坊

千里棠阴坊

乾隆《潮州府志·坊表》记载：

千里棠阴坊在府治前新街，为海北道马鸣霆建。

此坊建于崇祯年间。北镌“千里棠阴”，南镌“十城桑垒”。

马鸣霆是崇祯元年（1628 年）的潮州知府，后升为海北道。

马鸣霆在任时曾整饬盐政，千里棠阴坊是广济桥盐商自发地为其而立的坊，是对此前“繁苛扰民”，使商民“捐瘠”的官吏无声的抗议，也反映出马鸣霆的为官风范，为民心所向。坊上刻“广济桥盐商永思钦差海北道爷马鸣霆前守潮州德政”。

“棠阴”一词在《诗经·甘棠》记为：“蔽芾甘棠，勿翦勿伐，召伯所茇。”翻译过来，便是梨棠枝繁叶又茂，不要修剪莫砍伐，召伯曾经住树下。这是当时人们怀念召伯德政的颂诗，后“棠阴”便比喻惠政或良吏的惠行。“千里棠阴”即“棠阴”的最高级。“十城桑垒”亦是同样的道理。

牌坊后方正对着一个大门，即当时的潮州市政府大门。后市政府迁址，这里改成人民公园，里面依旧保留着那些大树。千里棠阴坊就立于义安路（旧时称打铜街）铺巷尾处。照片是站在义安路与铺巷交界的路口，从义安路往老市政府方向拍摄的。

▲中国潮州府的街道上排列着店铺

岳伯坊

百年前，潮州一条寻常巷子的一个瞬间被定格了下来；百年后，我们抽丝剥茧，试图寻找隐藏在历史中被遗忘的秘密。

《中国潮州府的街道上排列着店铺》——这是作者（未知）给这张照片（上页）起的标题。他还这样描述这张照片：

潮州府街道异乎寻常地干净整洁，人们从两个方向走来，街道两旁是一些商铺。靠近相机的这个男孩肩上扛着扁担，两个箩筐系在上面。

细看照片，石板路上人来人往，熙熙攘攘，似乎能听到人们走路和说话的声响。两侧杂集着小店铺，店门口悬挂横幅、灯笼。近处像是一家米铺，店门口摆放满满的两缸米，角落里一只鸡不小心闯入镜头。画面中间，男孩扁担上的两个箩筐似乎很重。透过箩筐，能看到几名小孩，一名男孩背对着镜头，留着长辫。挡雨的竹棚搭在沿街店铺二层，遮住隐约可见的两个牌坊。

经多位老人辨认，旧时的潮州城内，两侧有商铺并且地面铺着石板路的街巷并不多。这场景拍摄于岳伯亭街的可能性很大。

岳伯亭（民间多将坊称为“亭”，所以街道以此命名）街在昌黎路之西，东北通文星路，西通西平路，因街中有岳伯坊而得名。《潮州府志·坊表》载：

岳伯坊在第五铺，为郎中升江西参政刘斐建。

刘斐，现潮安区沙溪镇刘畔乡人，弘治十二年（1499 年）已未科考上榜，潮州府 18 个举人中他名列第一，因官至参政，管着两三个州，古称“方岳之伯”[1]。岳伯坊一面刻“省郎”，一面刻“岳伯”，还有小字镌“正德十三

[1] “方岳”，四方之山岳之意，旧时亦指州郡；“伯（bà）”古时同“霸”，古代诸侯首领。“方岳之伯”即州郡首领之意。

上端石牌坊横梁隐约可见“省郎”二字，推测此牌坊可能为省郎坊

中间写着“腾云西学善法镶牙”的广告横幅

年（1518年）岁次戊寅十二月吉日，赐进士、巡按广东、监察御史毛凤，赐进士、中顺大夫、潮州知府郭灌，奉议大夫、潮州同知林庭模，承直郎、潮州府通判潘圩，文林郎、海阳知县杜元吉，县丞彭纶，同为赐进士、大中大夫、江西等处承宣布政使司参政海阳刘斐大夫建”，岳伯坊于1951年被拆除。

而除了岳伯坊，在岳伯坊内街上还有省郎坊，光绪《海阳县志·建置略》称“潮州省郎、岳伯二坊俱为刘斐所建”。据记载，省郎坊先建于岳伯坊，为刘斐当郎中时建，因古代六部也称“六省”，故额名为“省郎”。后来他升为参政便再建岳伯坊。省郎坊于1970年被拆除，也是府城最后一座被拆的古牌坊。因为拆除得晚，许多人对它印象颇深。如今的岳伯亭街，变成了一个开放直通的内街菜市场，十分拥挤不能通行汽车，但行人、自行车、三轮车、摩托车来回穿梭。地面因重新铺设水管，几经改造，早已看不见旧时的石板路地面。

放大照片，一牌坊坊额下镌刻着一行文字，能辨认出“省郎”二字。此外，还可见写着“腾云西学善法镶牙”的广告横幅，据说牙医的后裔现今还在从事牙医工作。根据这个发现，再寻找拍摄角度，应是从今日的小鱼市巷往昌黎路方向拍摄的。

这张老照片足以让我们瞥见百年前府城人的某一个生活场景，似乎与今无异，却又已沧海桑田过尽。

潮汕铁路和潮州车站

▲一名美国士兵和一名铁路警察站在火车头旁合影

潮汕铁路：中国历史上第一条商办民营铁路

在偏离政治中心的粤东地区，谁曾想潮汕铁路却是中国第一条商办民营铁路。时隔一百余年，我们重新来阅读1909年11月的那期《远东经济评论》第250页的文章《汕头—潮州府铁路》。

SWATOW-CHAOCHOWFU RAILWAY

The Chao Chow & Swatow Railway Co., Ltd., is the first distinctly Chinese railway organization which has succeeded in building and operating its road. The necessary concession was granted in 1903 to one Chang Yu-nan, a native merchant who made his fortune in Java, and work commenced in 1904. The Company is registered under the Hongkong ordinances, and a director, Mr. Ng Li Hing, resides in that colony and looks after its interests there. The head office is located on Chee On St. in Swatow. It is capitalized at $2,000,000 Mex.

The construction work was carried out by Japanese engineers, under the direction of the well known firm of Mitui Bussan Kaisha. The road was opened to traffic throughout the entire length on the 16th of November 1906.

It is almost 24 miles in length, and has four stations besides the terminals. The gradients are low, and curves are comparatively few. Throughout its whole course the line is practically level, with no deep cuttings. The only bridge of any size spans the north, or Ampou branch of the Han river, about two miles from Swatow. The greatest difficulty encountered was the number of small streams and water outlets which has to be spanned by culverts

SWATOW-CHAOCHOWFU RAILWAY.—OPENING CEREMONIES

SWATOW-CHAOCHOWFU RAILWAY.—SWATOW STATION

I.R.N.C.—LANCHAU BRIDGE

The embankment is mainly composed of field mud dug up close to the line, and ballast is sparingly used. Japan hardwood sawed ties and American steel rails, angle bars, and spikes were used. The three 54-ton locomotives, constituting the motive power, are of American manufacture. They bear, however, a conspicuous name plate in English and Chinese, setting forth the firm that sold them. The coaches, of which the road has twenty-four, are built on the corridor plan, and were constructed in Japan. They will each seat fifty passengers. The first class coaches are fitted with seats that imitate the American patterns, and are upholstered in imitation leather. The second class coaches have wooden benches. The couplers are of the American type. A standard train consists of fourteen coaches and a guard's van. The latter is the only one provided with brakes, the American air brake on the locomotive being relied on to handle the train. Forty-eight small freight cars complete the list of the company's rolling stock. This road is the first in China to be built with Chinese capital.

Previous to the formal opening of the road the trains had been running for eight days (three a day each way), and the daily average of pas-

SWATOW-CHAOCHOWFU RAILWAY.—YARDS AT SWATOW

·

潮汕铁路有限公司是中国第一个真正意义上的铁路机构，成功地建设并经营了铁路。它由在爪哇起家的本地商人张煜南于1903年获得授权，并于1904年开始动工修建。这家公司在香港条例下进行注册，并由移居香港的吴理卿担任财务主管。总部大楼位于汕头至安街，总共耗费200万美元。工程由日本工程师、赫赫有名的佐藤兼之辅主持，于1906年11月16日完工。

潮汕铁路长38.6公里，包括终点站共有4个车站。倾斜度低，弯曲度比较小。整条道路沿线接近水平状态，没有深断处。唯一的桥横跨在北面，在距离汕头3.2公里的庵埠的韩江支流上。最大的困难是沿线众多的小溪以及排水口，这些都需要建设涵洞来解决。

汕头站的护堤主要是由铁轨附近挖掘出的泥土筑成，这样可以节省铺在铁轨上的碎石。然后再把锯好的日本枕木铺上，以便连接美国制造的钢轨。同时，还使用了三角钢和道钉进行固定。

3个54吨重的、持续不断提供动力的火车头是美国制造的，但它们显眼的铭牌却是用中英文写的，是这家销售火车头的公司的名字。该条铁轨可供24节车厢使用，车厢使用廊式规划，由日本建造，每节车厢可容纳50名乘客。一等车厢的座位模仿美国样式，软垫也使用了人造皮革。二等车厢是木质长凳。车钩（车厢之间的连接处）也属美国样式。一辆标准列车应由14节乘客车厢和1节列车员车厢构成。只有列车员车厢安装有尾刹，火车就靠这个美国气闸控制。再加上48个小型运货车厢，它们共同构成了该公司的全部铁道车辆。

◀1909年11月的那期《远东经济评论》第250页的文章《汕头—潮州府铁路》。其中，上图是一群穿着清朝服饰的人庆祝潮汕铁路通车，站在火车头旁边合影。中间左图是行驶于潮汕铁路上的火车抵达铁路站点时，人们纷纷下车的场景。中间右图为潮汕铁路上一段横跨韩江的铁路，在铁路桥上有钢筋护栏。下图是潮汕铁路的汕头调车场

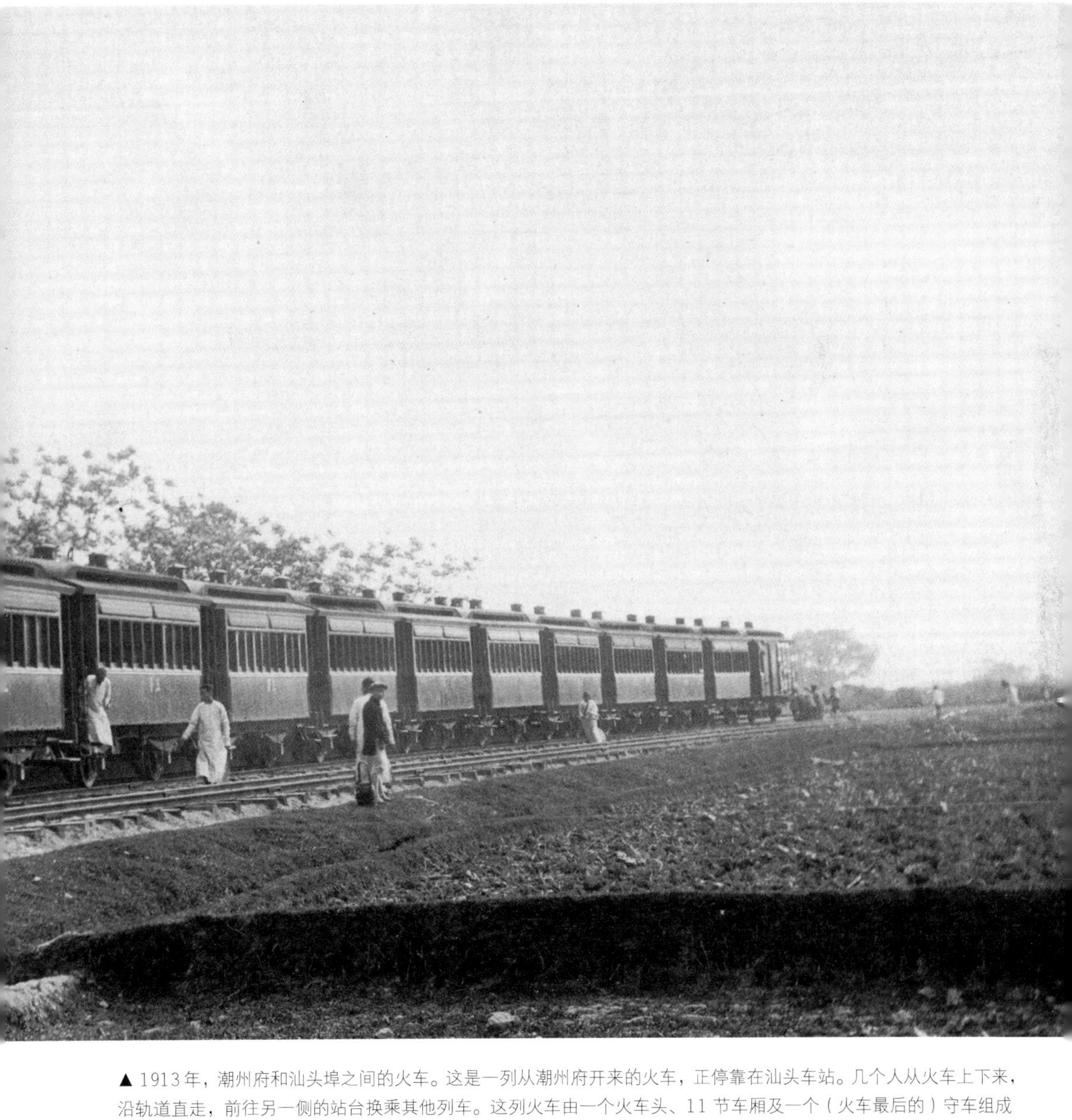

▲ 1913 年，潮州府和汕头埠之间的火车。这是一列从潮州府开来的火车，正停靠在汕头车站。几个人从火车上下来，沿轨道直走，前往另一侧的站台换乘其他列车。这列火车由一个火车头、11 节车厢及一个（火车最后的）守车组成

潮汕铁路干线全长39.8公里，1908年又延筑意溪支线2.3公里，总长42.1公里，沿途在庵埠、华美、彩塘、浮洋、枫溪等地设站。

据饶宗颐先生的《潮州志·交通志》记载：

初始有机关车3台，头等客车3台，二等客车3台，三等客车30台，有盖货车20台，无盖货车20台。1931年整顿后，有机关车5台，头等客车3台，二等客车3台，三等客车24台，货车抵框车17台，高棚车30台。初时火车每日往返3次，对开后6次。

1931年以前，合淡月、旺月（一年中十二月、一月、二月等三个月为旺月，其余为淡月），平均载客约3000人（军队不计），载货约70吨。1931年后，合淡旺月计算，平均每日载客四五千人，载货在100吨以上。

因潮汕铁路控制福建西南及广东东部出海要冲，营业额甚为可观，日均货运量约为100吨以上，收入几乎可以和日本东海道的铁路相等，是当时中国营业状况最好的铁路之一。

1939年潮汕战役爆发，铁路于6月16日遭到日军飞机轰炸。为了不让潮汕铁路落入日寇手中，当时广东省保安处和第四战区汕头前敌指挥部下令将潮汕铁路拆毁。潮州火车站站长也奉命烧毁了停在潮州站的火车头。在日寇占领了潮汕后，日军及伪军等对剩余物资及设施进行再破坏及劫掠。后强令民工修复被毁路基及桥梁，依路基改行汽车。

抗日战争胜利后，因潮汕铁路公司损失严重，无力再兴建恢复铁路，故于1952年2月，接受政府对私改造政策，依原路基进行修缮后改运营汽车运输。潮汕铁路干线也就成了潮汕公路，潮汕铁路公司遂走入历史。直到现在，还有不少老一辈的人把潮汕公路称为“铁路线”。

▲图为侵华日军入侵潮汕时，踏过被破坏的潮汕铁路

▲图中可见日军牵马沿着已经没有了枕木的铁轨前进

潮州车站：府城对外连接的出发点

在潮汕铁路运营的30多年时光中，其对沟通潮汕一带的交通及客货运输都起了重大作用，潮州府城通过潮汕铁路与汕头港连接。从潮州至汕头，共有十来个车站。其中最大的车站是汕头站和潮州站。

潮州站位于现在的潮州市湘桥区潮枫路与西荣路交界处。1906年潮州站建成，可惜因1918年的潮汕大地震，整座倒塌。潮州站于1920年冬开始重建，

▲重建后的潮州站

1921 年 2 月 11 日落成。

这里收集到几张潮州站的照片，从不同角度重现当年潮州站重建后的样貌。

上图拍摄于 1922 年前后，照片现存于美国南加州大学图书馆，其文字说明是：

人们走在火车站前的广场上，照片两侧都停靠着火车，最靠近镜头的那个男子肩上扛了个吊着两个竹篮的担子。

潮州車站
Mee Cheung

▲潮州车站（陈传忠先生收藏）

上页图是民国时期由汕头美璋照相拍摄的一张潮州车站的照片。从车站前两棵木棉树的高度判断，这张照片的拍摄时间与后面提及的1938年日本朝日新闻社的照片拍摄时间差不多。这是一张清晰的照片，我们得以更清晰地看到潮州车站的样貌和细节。“潮州车站”的字体简约而具艺术感。正面是16根罗马柱支撑，外立面可以看见一排整齐的圆形浮雕装饰纹样。二层建筑的屋顶用的是传统的黑瓦。整体呈现出中西结合的样式。

照片还记录下80多年前潮州车站前人群的百态。黄包车夫、板车夫、挑夫们，无一例外头戴竹笠光着脚丫，忙碌着自己的营生，而坐在黄包车上的人则优哉游哉。右侧有穿着制服的警察正用自己手中的葵扇遮蔽猛烈的阳光。妇人们则不少打着伞防晒。从人物装束和木棉树叶的生长程度及人们脚下的影子判断，照片应该是拍摄于夏季上午。

车站外墙上贴满有孙中山头像的标语，柱子上还有“总理伟大精神”字样的大字报

▲大阪朝日新闻社于1938年6月4日收录的一张潮州站的照片，现存于日本国立国会图书馆。这张照片可以看到20世纪30年代重整后的“潮州车站”四字改放于车站正门骑楼上方。照片中有一群西装革履、头戴礼帽的人，原图并没有提及他们是谁。画面右侧有一辆人力三轮车，两侧生长着两株木棉树

▲ 1933年出版的《潮汕铁路季刊》中，图片说明为“本路潮州站增建之月台雨棚”。这张照片让我们看到了另外一个角度的潮州车站

▲黄埔军校潮州分校（拍摄者未知）

黄埔军校第一所正式分校

这张照片是黄埔军校潮州分校，拍摄时间或是 1925 年 11 月 18 日，开学典礼那天。地点是今天位于潮州城区中山路中段的李厝祠。从照片上看，正门上方悬挂“青天白日”与“青天白日满地红”旗，两侧共站立三名士兵。“中央军事政治学校潮州分校”牌匾悬挂在左侧。往里看，还有中山先生的“革命尚未成功，同志仍须努力”布帘，而正中间是“破釜沉舟”四字横幅以及“三民主义——民族、民权、民生”的宣传口号。

本校之有分校，当自潮州分校始。

1924年国共两党合作，孙中山创建中国近代史上第一所革命军事学校——黄埔陆军军官学校。1925年2月，国民革命政府组织以黄埔军校学生军为主体的国民革命军东征。军校政治部主任周恩来带领军校本部学生以国民革命军教导第二团的名义出征东江，取得决定性的胜利。3月，东征军胜利占领潮州，东征军指挥部“因见潮州位居韩江下游，与闽赣相毗连，物产丰富、交通便利、其间不乏青年有志之士”，为使随军东征的黄埔军校第二期学生能补习课程，遂拟设分校于潮州。

国民政府拟定潮州分校“以招收潮梅海陆丰各属学生，授以军事及政治之训练，灌输革命知识”。

1925年11月12日，黄埔军校第一所正式分校——潮州分校正式招收学生。蒋介石兼任潮州分校校长，汪精卫任党代表（属国民党），何应钦任教育长（后代理校长职务），周恩来兼潮州分校政治部主任（后由刘康侯继任）。

当年蒋介石在潮州分校开学典礼上这样要求学生：做个真正革命军人和孙文主义的信徒。

可惜的是，黄埔军校的潮州分校只存在了一年。1926年6月1日，第一期学员毕业。6月6日第二期学生入校，12月底期满毕业后潮州分校就停办，一共入校学生990多人，毕业715人。这些学员在北伐军各部队中担任军事或政治工作，参加北伐战争历次战斗，先后有近200人伤亡。他们都是真正的革命军人。

潮州分校旧址李厝祠原为李氏祠堂，始建于清代，于1987年被列为潮州市重点文物保护单位。几经岁月变化，李厝祠曾被作为教育局、幼儿园、潮剧培训中心等。2018年8月潮州分校旧址经过整治内外环境、修复大门等，重现历史风貌。它安静地藏在为纪念中山先生而命名的中山路上，默默地守护这段短暂的历史。

潮州市街
（汕頭憲兵隊許可濟）

▲ 20 世纪 40 年代的中山路，原图染色

潮州八景的旧时光

鲁迅在《再论雷峰塔的倒掉》里写道："凡看一部县志，这一县往往有十景或八景"，诚然这篇文章中提出的，是对国人贪大求全的"十景病"的批判："我们中国的许多人……大抵患有一种'十景病'，至少是'八景病'"。潮州当然免不了俗，也有个潮州八景，但对潮州人来说，它不是鲁迅说的"八景病"，它是阿公阿嬷从小教的熟稔于心的启蒙，是街头巷陌开门即现的风景。

潮州八景，通常指的是古潮州府城至明末清初形成的外八景，而内八景已基本消失。也正因为人们对八景的有意强化，早在摄影术才开始的清末民初，潮州八景便成为被拍摄对象，被制作为成套明信片进行售卖，远销到海外各地潮人手中。其中汕头日本山口洋行和东优园最早于20世纪初就开始发行成套的潮州八景明信片。这些明信片大部分有着相似的拍摄角度和构图，细品日本摄影师镜头下的潮州风景，往往有一种浮世绘的氛围，而汕头美璋照相等其他摄影机构拍摄的潮州风景影像，则带着更多纪实的色彩。

◀20世纪20年代日本山口洋行发行的"中国广东省潮洲府名所"系列明信片之一

▲ 20 世纪 20 年代日本印制的湘子桥明信片（陈传忠先生收藏）

湘桥春涨

春分之后，太阳的直射点逐渐向北转移，夏季风愈发强盛，东南季风将太平洋的水汽吹向南中国，在途经韩江上游时逢着北方来的冷空气，化作磅礴的雨水流入梅江和汀江，梅汀两江相遇汇进韩江，一路向南奔流入海，瞬时水位猛涨，几近淹没湘子桥，桥上那十八梭船随潮水沉浮上升，与东西桥墩连成一线，蔚为奇观。

“激石雪飞梁上鹭，惊涛声彻海门潮。”站在东门城楼广济楼上可观赏到“声画”俱佳的潮州式钱塘江大潮——“湘桥春涨”。后来，随着潮州水利枢纽工程的建成，湘子桥不再春涨了。春去秋来，从此，湘子桥只有清风徐来，水波不兴。那城门紧闭、众人拥挤站在城楼上看“大水”的场面成了历史。

▲图片由汕头美璋照相印制，拍摄者有一段这样的照片说明：桥上是些简陋的房屋，江面停泊着五艘并拢在一起的船，船上有一个人，不远处还有两个人坐在一条小船上，左下角则还有几个人靠近船边（陈传忠先生收藏）

▲这张照片拍摄于20世纪20年代，由汕头美璋照相印制，画面中间可以看到左侧一艘满载纱绽布疋的船（陈传忠先生收藏）

▲民国二十年（1931 年）秋由潮安春光美术影相楼拍摄的湘子桥全景图

▲从韩山远眺韩江对岸的潮州府城全景。此幅全景图由两张旧照组成，约拍摄于 20 世纪 40 年代，属一组由日军所拍摄的系列照片（拼接图片）

▲ 20 世纪 20 年代日军所制的明信片，原图染色

▲大约是 20 世纪初的明信片，由汕头美璋照相印制

▲这张照片拍摄于 20 世纪 20 年代，照片的注释写道：“照片中小船相连在桥上，许多人走在临时搭起的浮桥上，能看到远处江另一边的房子。”照片中，我们能看到船上的人把衣服晾在船上，人们挑着担子走在浮桥上，从人们的衣着上看，应该是拍摄于冬春季节

▲ 1913 年潮州府的浮船桥。这位未知名的欧洲摄影师如此描述这张照片：这座横跨在江上的桥由浮船组成，船与船之间用绳子连接，远处排列着各种年久失修、不同风格的建筑

▲这张照片收录在格本号旅行相册中（拍摄时间为 1909 年或 1910 年）。照片选用了一个中景镜头，我们可以清晰地看到后方上下浮桥的石阶、两侧桥墩上建筑的断墙残垣、半墙里露出鉎牛的尾部以及旁边店铺悬挂的写着“曾衡”的招牌旗布。近景有人在卖香蕉，有人在卖杨桃。这都是潮州最常见的水果

▲这张照片拍摄于 20 世纪 20 年代，由汕头美璋照相印制（陈传忠先生收藏）。这张照片细节十分丰富：这时候进入民国时期，对照上页辛亥革命以前的桥，桥墩上面的倒塌的建筑已做了部分维修。当时韩江处于枯水期，水位很低。时隔十余年时间，清朝已亡，人们的长辫子也剪掉了，但桥上依然是一片繁忙，挑着箩筐做买卖是桥上不变的常景。近处有一个卖陶瓷餐具的小摊，乍一看仿佛今日枫溪陶瓷小摊点穿越到这里

潮州勝景湘橋春

▲ 20 世纪 20 年代初的湘子桥全景照片，照片还附了一段摄影师的描述："洪水泛滥期间的潮州府桥，我到江对岸西南方向的韩山上，从那望去，画面右侧背景的建筑是城市的东门楼。这俯瞰的视角展示的是洪水漫江的场景，它甚至快要覆盖整座桥的桥墩。房子都沿堤而建，我旁边的那段堤坝状况并不好。"这也仅仅是 800 年间某一次水灾的缩影，自韩江水利枢纽工程建成后，紧闭城门，站在城楼上看湘桥水涨便成了历史，后人也只能在那首民谣中想象那个场景

▲照片大约拍摄于20世纪20年代初，一个穿白色背心的行人和一个挑着担子戴着斗笠的小摊主正从梭船那边走上麻石桥面，在他们后方还有两个人为避开烈日高照而撑着伞遮阳

▲这是一个晴朗的夏日，桥上的人不多，偶有挑担子的人来往。在鉎牛旁边的楼阁门上，一张对联横批上方贴着三个字“隐者也”，旁边则贴有“韩江黄谈星，精卜周易，谈论命理”这样一幅字。那么，画面中的老头应该就是这位黄谈星算命先生了。瞧！他还正对着镜头笑。右侧的亭柱上还有“信基督得永生”的粉笔字。与笑对镜头的黄谈星不同，妇女们则怕被拍照，一个用鹅毛扇遮挡头，这把鹅毛扇应该是她在售卖的；另一个人则坐着，手臂架在弯曲的膝盖上，一手捂住脸

↘链接：桥上两只古鉎牛

清雍正二年（1724年），潮州知府张自谦以风水观念用正克邪的哲理，联系到牛属土，土止水，因而铸造两只鉎牛，分别放置于湘子桥靠江心东西两墩，并在牛额刻上“镇桥御水”四字。道光二十二年（1842年），韩江发大水，冲走了东桥第十三墩及上面的一只鉎牛。于是，潮州便有了“潮州湘桥好风流，十八梭船廿四洲，廿四楼台廿四样，二只鉎牛一只溜”的民谣。一直以来，这首人们熟悉并传颂的民谣抒写着潮州美好风光，却鲜少人注意到它更深远的意义。在许世冠老先生《关于湘子桥几个问题的探讨》一文中有一段这样的描述：

“在这座古桥的峥嵘岁月里，鉎牛的资历最短浅，然而所占的分量却很重。究其原因，这首赞歌不是古桥一个特写镜头，更不是一幅静止风景画，而是涵盖古桥在漫长岁月中赖以抵御水患，毁而复建的壮丽史迹。……初读是鉎牛溜走之小事，实则含意深长，着重指出洪水为患，冲毁洲桥，令人联想起800年中古桥多达28次毁而复建的赞叹诗史和对往后水患会重来的忧虑，这种回顾与预示天灾降临的惊险事件，特意紧绑在鉎牛身上，当然使人念念难以忘怀……”

直至1957年，有关人员水下勘探时，发现那几千吨重的第十三墩淹没在韩江中段沙层中，但却找不到那只鉎牛的影子。后来，民间一直误传在鼎厂门前沙滩找到了“溜走”的鉎牛，其实并无此事。据亲临现场的许老回忆，那只放在鼎厂门前的鉎牛是1969年由东凤鲲江堤岸运来的，不但其体量小，而且牛额上铸的是“镇堤御水”四字。因此，东桥的鉎牛至今还是失踪的。而照片上这只西桥上免遭水难的鉎牛，却在1969年被强运到房建队的菠萝房池塘边，当时有心人暗中用泥土将其覆盖，期望保护下来。然而，三年后的1972年，“文革”进入了“促生产”阶段，这只鉎牛被回收公司收购作原料，转卖给农械二厂，回炉支农去了。因此，这里的两张照片，亦算其“遗照”了。

上页上图放大可见鉎牛的侧面

上页下图放大可见西桥憨厚笨拙的镇水之牛的背影

作为古桥徽记的鉎牛，在遭破坏后的数年之后，终于于1980年，在潮州市城建的主持下重新复制。当时共复制了两只，由民间艺人李俊河塑造土模。正品于1981年1月3日被安置于湘桥上，而副品则运往红山，后移到淡浮院。至此，潮州人又得以见到两只“吉祥物”鉎牛。

韩祠橡木

宋淳熙十六年（1189 年）知军州事丁允元认为韩愈被贬潮州时，常游于笔架山并手植橡木，于是将城南七里的韩文公之祠迁到笔架山上。“韩祠橡木”里的“韩祠”是韩文公祠的简称；“橡木”，《小尔雅》里注释道，“柞之实谓之橡”，“柞”是“栎”的通称，也就是说，橡木即栎木，从植物学分类来说，是壳斗科栎属。至于韩文公祠前的栎树是不是韩愈所植，是不是从北方带来树种，已无法考证，潮州本土亦原生了几种栎树，如今种植在韩文公祠中的栓皮栎便是潮州和韩愈故乡开封都有生长的土著植物。

潮州历代有“以（橡木）花之繁稀卜科名盛衰”的记载，潮人奉橡木为神木。这或许与宋礼部尚书王大宝写的《韩木赞》有关：“亭陆有木，虬干鳞文，叶长而傍，耆老相传公所植也，人无识其名，故曰韩木。上株既老，类更滋蕃，遇春则华，或红或白，簇簇附枝，如桃状而小。绍圣四年丁丑（1097 年）开盛，倾城赏之。”但橡木是黄色的细条花序，这“或红或白，如桃状”说的或许是另一种潮州本土植物钟花樱桃吧。

▲“韩文公之祠”牌坊，20 世纪 20 年代所摄，日本印制。韩愈，字退之，出版者于照片说明上以字称之而不直呼其名，日本人对韩公景仰之情不言而喻。这座牌坊后来率先在潮州重建，但重建时没有老照片参考，不失为一种遗憾

▲这张照片收录在格本号旅行相册中（拍摄时间为 1909 年或 1910 年）。一名穿着厚棉衣的老者站在韩文公祠牌坊前留影，他可能是当时祠堂的看门人。这张照片拍摄的角度，让我们首次看到原韩文公祠牌坊的背面，坊上用小篆写着“韩文公之祠”五个字，透过牌坊可以看到近处公祠内其他建筑屋脊和远处的府城。仔细看，左侧坊柱旁有还有两个幼童好奇地探出了头

▲ 20 世纪 20 年代所摄，日本印制。韩文公祠正殿历史影像

▲从图中的五色旗推断，这是拍摄于 1912—1921 年期间的照片。1912 年 1 月 10 日，中华民国临时参议院通过专门决议，使用五色旗作为临时国旗。1921 年 5 月，孙中山在广州就任非常大总统后，明令废止五色旗，代之以青天白日旗。仔细看，正殿门上挂着的牌子写着：海阳东关厢镇警察区署，即为当时的公安局所在地

▲ 20 世纪初拍摄的韩文公祠，由汕头美璋照相印制，图片中可见三个小孩一个大人，其中一个小孩背着箩筐

▲ 20世纪20年代日本东优园发行的“潮州风景”系列明信片之一，明信片上注明的文字是：“这里的橡木是韩愈亲手所植。当时人们不知道树种的名字，故以韩木称之。旧时曾以树上花的多少来预测当年科举的情况。”

凤凰时雨

在湘子桥南面的韩江上有一个小洲，原名老鸦洲，明代潮州知府侯必登将其改为“凤凰洲”。凤凰洲上又于明隆庆二年（1568 年）建了凤凰台。凤凰时雨中的“凤凰”指的就是这座凤凰台。凤凰时雨因为音近又称为“凤台侍雨”，作“凤凰时雨”解时，意思是凤凰台时而有雨时而晴；作“凤台侍雨”解时，是人在凤凰台里等候一场雨的到来，后者显得更有闲暇的诗意。

从明代建成凤凰台以后，凤凰洲一直到民国初年还一直有进行一些增建和重修工程。到了战乱年代，这里又一度坍塌荒废，直到 20 世纪 90 年代又重建并形成现今的凤凰洲公园。

▼ 拍摄于 20 世纪初。凤凰台看上去很是崭新，亭下站满了人

▲这是一套完整且都写有题字的潮州八景明信片中的一张。题字是郑鼎新先生于 1923 年冬天在揭阳榕江中学教务室写下的

↘ 链接：郑鼎新

据揭阳市《榛松乡志》记载：郑鼎新（1885—1942），榛松乡港墘村人，16 岁时，入清末最后一科潮州府府学生员（俗称秀才）。民国初年出任揭阳第一高等小学校长、揭阳县督学、广东省军事编译处主编，少校衔。郑鼎新早年参加孙中山之同盟会，1925 年 11 月第二次东征时，被聘任揭阳县农民协会顾问，当时结识周恩来、陈卓凡，同于学宫（孔庙）结义。1927 年 4 月 15 日密报国民党清党消息与中共揭阳县委掩护卢笃茂等同志及时转移。1927 年逼于形势潜赴新加坡，积极办学。抗日战争期间极力不断募捐支援抗战，积极于新加坡筹建潮州同乡会。日寇侵占新加坡时，举家投入抗日斗争，1942 年为日寇捕杀。

▲照片来自格本号相册，是德国人一行在凤凰台的留影。在这名留影的德国人身后还有两个赤着脚帮他们提行李的本地人。从图中可以清晰地看到 20 世纪初的凤凰台主体建筑样貌以及远处的凤凰塔

▲20世纪20年代日本东优园发行的“潮州风景”系列明信片之一，明信片上注明的文字是：“北门外有一组俗称‘青白日阁’的佛阁，阁中佛灯可远照至韩江江心，意趣盎然。”

北阁佛灯

北阁原是在金山东面山下一组高低错落的楼阁的总称，这一带风景独特，城墙围绕金山，韩江水急转直下。佛灯，指从前悬挂在北阁景区玄天阁前桅杆上的远照灯，入夜时来往韩江的船只都能望见，船上的人也就知道潮州府城到了，船夫也会注意途经这里时湍急的水流。作潮州八景组诗的清代诗人曾如此描绘北阁上的那盏佛灯：“城北烟林阁几层，琉璃座上看燃灯。一痕隐射青天静，半点长随白日凝。”

北阁佛灯景区始辟于宋代，形成于明代，但到民国时期，因为战乱年久失修，颓败不堪，原有的楼阁与佛灯都荡然无存。后来1985年，北阁景区才进行了重建。在新建的阁楼北部，修建了一座佛灯，重新阐释了这一胜景。值得一提的是，在重建景区时还在山上发掘出清顺治九年（1652年）潮州总兵郝尚久反清时开凿的大古井。“井深百余丈，可饮万人”，后因兵败，郝尚久与其子尧投井。

▲这张标题为《伸入江边的峭壁（Cliff into a river）》的北阁佛灯照片拍摄于1913—1923年间，拍摄者未知

西湖渔筏

位于市区西北的葫芦山前有一个湖，古为韩江支流，潮州筑城后成为护城河（俗称“城壕池”），后来支流断绝与韩江的流通，成为一潭静止的湖水，被称为“西湖”。葫芦山和西湖经宋、元、明、清各代，不断开发，注入各种故事传说、人文印记，遂成为今日湖山如画的西湖风景区，在抗日战争前，也曾一度被叫做“中山公园”。

曾几时，湖上渔翁乘筏，抛网捕鱼。湖鱼鲜美，成为桌上菜肴。只可惜，昔日渔筏不再，在收集的“西湖渔筏”明信片中，也没有表现湖中渔筏场景的。鲜见的是下图这张，还能见到在虹桥头的亭子中垂钓者的身影。

▲潮州西湖公园另一景。此为 20 世纪 40 年代军事明信片。正面是“潮州市中山公园（汕头宪兵队许可济）”，出版者不详

▲日军拍摄的西湖，可以清楚地看见旧虹桥的一部分。旧虹桥是一座木桥，因年久失修，在 20 世纪 30 年代初已经残破不已，随后于 1934 年重建，桥面加宽，成为一座钢筋水泥结构的桥

▲ 20 世纪 20 年代日本东优园发行的“潮州风景”系列明信片之一

▲ 20 世纪 20 年代汕头美璋照相印制的涵碧楼照片

我们虽看不见西湖中的渔筏，但在这处景观内，涵碧楼却是十分显眼的。它始建于民国十一年（1922 年），据载，曾是一处茶楼。《西湖山志》谓其："老树参天，轩窗开豁，流水奇石，错落其间，为潮人游湖燕集之所，民国伟人往来潮汕多于此税驾焉。"

涵碧楼之名，得自小楼东头那棵 400 多年的明代古木棉。初建的涵碧楼作为黄埔军校办事处，蒋介石也曾多次去过。1927 年，八一南昌起义军入粤，周恩来、贺龙、叶挺、刘伯承等经潮州转战潮汕各地，第三师司令部设于涵碧楼，建立临时的红色政权，在西湖广场开群众大会。起义军于当年的 9 月 23 日进入潮州，9 月 30 日撤退，前后共七日，史称"潮州七日红"，涵碧楼也因此被列为广东省文物保护单位。抗战时期涵碧楼被日军炸毁，1963 年，

▲ 20 世纪 20 年代日本东优园发行的“潮州风景”系列明信片之涵碧楼，涵碧楼的楼顶写着“中山图书馆”

贺龙元帅视察潮州时，重返当年起义军第三师司令部旧址，感慨万千，便建议重修涵碧楼。1964 年 7 月，涵碧楼重建竣工，辟为“潮安县革命历史文物陈列馆”，1965 年，郭沫若重题“涵碧楼”三字，1977 年又改为“潮安县革命纪念馆”，陈列着“潮州七日红”和“潮州新民主主义革命史”等文物资料。1998 年为纪念周恩来诞辰 100 周年，涵碧楼修葺一新。

涵碧楼在过去的半个多世纪中历经变化，但唯一不变的是依然屹立在西湖岸边，因此，它不可避免地被纳入潮州八景之一的“西湖渔筏”观景范围内。木棉树也不随历史变迁，依旧年年迎接春暖。自被日军炸毁后，后人再看不见当年的涵碧楼，幸亏有了这些战前的老照片，向后人展示了它最初的模样。

公園全景
民國廿三年

潮州西湖全景

▲由艺真影相楼拍摄于 1934 年的西湖（当时叫“潮州中山公园”）全景图

▲汕头美璋照相拍摄于 1924 年的西湖全景图

▲照片原载于1924年10月初出版的《西湖山志》，由饶锷编著，潮州青年书店发行，梁永昌印务局承印。昔日坟墓成堆、光秃秃的葫芦山开始有些树。在旧虹桥一端，涵碧楼的木棉前方，有一个水上的亭子。此后，亭子拆掉，移往左侧，重建成了今日的湖心亭

↘ 链接：西湖山摩崖石刻

西湖山摩崖石刻自唐宋以来，历朝累积，蔚为大观，共计累积石刻300余处，历经劫难，至今仍保存宋刻16题，元刻1题，明刻24题，清刻28题，近现代18题，年代不详48题，集合了正、草、隶、篆、行各种字体及梵文、象形文字等。这些石刻的内容，有赞美湖山的，有抒发情怀的，有记述游踪的，还有重要记事、科举题名以及官衙文告等，是潮州历史的存档。它们藏于山间，为这座山增添了许多人文气息，是文化古城的永久见证。

◀ 20世纪20年代，在西湖山南岩的摩崖石刻“湖山图画”前，两名年轻男子相对侧坐，他们身后是“湖山图画”草书石刻，字径达1.7米，是清道光年间由丁秉贤所题书。这幅“湖山图画”是西湖山摩崖石刻群中最大最有名的一幅，四字简约地描绘了西湖一带的山水美如画，令人对当年的风光和文人雅士的行游情景产生无限遐想

▼ 这张明信片拍摄的“西湖渔筏”选取了另一个角度——山景。上面题字是郑鼎新先生于1923年冬天在揭阳榕江中学教务室写下的——在西湖山下，湖滨有紫竹岩，山上有老君岩等名胜，故是片映山而不映湖。德初志于榕江中学

▲这是格本号相册中在凤凰塔附近拍摄的一张照片（拍摄时间为1909年或1910年）。画面中出现的这座牌坊隐约可见坊上刻“孝”字，这可能是《潮州府志·坊表》中记载的“在东厢涸溪为丁远春妻陈氏建”的“天褒节孝坊”

龙湫宝塔

龙湫宝塔，原指潮州城北面韩江小洲上建于宋代的石塔，因游人常系船于塔下寺院得名，初名“塔院维舟”。龙湫指的是原先塔边上的“龙湫泉”。

可惜原塔于清代倒塌，寺院不存，残存的塔基后来也被洪水冲走。最终，连小洲也因整治韩洒而被炸掉，仅存残基于江水之下。因此，目之所及，寻觅不到半点蛛丝马迹，也因时间久远而没有影像档案。后来，此景虽改用韩江东岸的凤凰塔代替，但名字却依旧做了保留，不少人也因此混淆了两塔。凤凰塔在汤姆逊一文中已有阐述，在此不作赘述。

▲此为 20 世纪初明信片，汕头日本山口洋行发行，图中的塔是凤凰塔

▲ 20 世纪 20 年代日本东优园发行的“潮州风景”系列明信片之一，明信片上注明的文字是：“坐落于北门外韩江中段，每年农历五月初五人们会在塔下赛龙舟，以祭祀屈原。”

▲ “鳄渡秋风”明信片。郑鼎新先生于 1923 年题的字：在郡城之北，其北为韩公驱鳄处。德初志于揭阳中学

鳄渡秋风

众所周知，潮州山水皆因韩愈而改姓了韩。在他被贬谪到潮州之前，韩江原来因自古多鳄鱼而被称为“鳄溪”，而韩江北堤中段的古渡口叫作“鳄渡”。韩愈被贬到潮州后，相传于唐宪宗元和十四年（819 年）四月二十四日就在这个渡口设祭坛祭鳄，赶走鳄鱼。然而，韩愈事实上并未真正赶走鳄鱼。史书记载最晚直到400年前的明末，韩江中依旧生活着鳄鱼。饶宗颐先生在《潮州志》中写道：

明初鳄鱼复来潮州，夏侍郎元吉令渔舟五百只各载矿灰，闻鼓声，渔人齐复其舟，奔窜远避，寂然无声，鳄鱼种类皆死于海滨。

从历史分布上看，生活在韩江中的，是一种在淡咸水交界处生活的、世界上现存体型最大的爬行动物——湾鳄。湾鳄对水的咸度和温度敏感，当时渡口所在的韩江段离入海口并不远，地质研究表明，韩愈刺潮时，正是历史上韩江流域降雨最大、温度最低的时期。这样的气候恰巧被韩愈遇上，于是他成了被潮州人念念不忘的“驱鳄达人”。

宋以后，崇敬韩愈的潮州人又因秋风送帆中的渡口特有况味，便将“鳄渡秋风”作为八景之一。1987年，政府于原址上修重建了鳄渡秋风亭和祭鳄台，亭内刻有韩愈《祭鳄鱼文》全文的石碑压在下方那只石雕大鳄鱼身上。古渡、秋风、木棉，似乎场景依旧。但纵使秋风再吹拂千年，也不会有鳄鱼了，毕竟那湾鳄早已在中国灭绝，即便从东南亚游来一条，也会发现江中没什么可以吃的了。

◀ 20世纪20年代由日本山口洋行发行的“中国广东省潮洲（州）府名所”系列明信片之一的“鳄渡秋风”

◀ 日本森清太郎在他1922年出版的《广东名胜史迹》中收录的照片。图片说明：潮州的意溪也称为鳄溪

鱷渡の秋風
北門附近より意溪に至る邊を鱷渡と稱す韓文公文を作り鱷魚を祭りし舊跡なりと專ふ
（東優園發行）

▲ 20 世纪 20 年代日本东优园发行的“潮州风景”系列明信片之一的“鳄渡秋风”，明信片上注明的文字是：“北门附近至意溪一段被称为鳄渡，传闻是韩愈设坛祭鳄的旧址。”

金山古松

金山，原名金城山，据嘉靖《潮州府志·地理志》载："金山，在县治后，跨金城，东临韩江，西瞰大湖。初，金氏所据，故名。"因当年百姓把宋末抗元英雄马发将军一家安葬于山顶并在墓旁植苍松翠柏，以喻高风亮节，此处被列为潮州八景之一，得名"金山古松"，亦叫"马丘松翠"。

▲ 20世纪20年代日本东优园发行的"潮州风景"系列明信片之一，明信片注有文字是："金山位于府城北边，风景绝佳，奇峦起伏间散落着凉亭仙洞，传闻以前遍山都是古松，现有金山中学坐落其中。"

金山上原有的古松很可能是潮州原生的广东松，株形挺拔，后大概松树死去，或是被用作柴薪，更容易生长的榕树长成伞盖大树，故后又有人将金山古松称为金山古榕，只是"榕"少了"松"在文化象征意义中的那点英雄气概。

▲ 20 世纪 20 年代由日本山口洋行发行的“中国广东省潮州（州）府名所”系列明信片之一

▲ “金山古松”明信片。郑鼎新先生于 1923 年题的字为：金山在城北，为郡城后扆，上有介石、伏虎石，予均写入图画，德初志于榕江。图中可见金山上的金山藏书楼

▲这张照片标注的拍摄时间在1913年左右，拍摄者只标注了题目《金山上的风景》，照片由汕头美璋照相出品，备注了拍摄点是潮州府城，以及一段简单的描述：两个男子坐在山顶看城市风景，韩江流经城外，对岸是延绵的群山。在这张照片中，从两名男子的衣着上看，很可能是金山中学的在读学生。他们坐在树下的石头上远眺，不远处的城墙之内，半山的教室、宿舍及金城巷一带的民居。而城墙之外的韩江上有四艘行驶中的帆船和四艘停靠在渡口的渡船，对岸是笔架山，两座书院依山临水，隔岸遥望。近处一座建筑外有琉璃花瓶式栏杆，上面摆放着盆栽，这座建筑应为金中科学馆，但科学馆建造时间与照片拍摄记录时间有所出入，故此照片真实拍摄时间有待考究。资料记载，科学馆建于民国二十二年（1933年），坐北朝南，占地约227平方米，共两层。潮州沦陷后，科学馆曾被日军强占为司令部，1994年进行抗震加固

↘链接：金山中学

金山中学，最早是创办于光绪三年（1877年）的金山书院，由当时的总兵方耀命令绅士郭廷集在周敦颐祠旧址创建，专供潮州府所属九县的生员读书修业。光绪二十年（1894年）巡道曾纪渠还命知府方功惠买书充实书库。古籍藏书丰富的书院成为当时名人学者的聚集地。金山书院于光绪二十八年（1902年）因推行新教育体制又变身为潮州中学堂。1913年改名为省立潮州中学，1921年又易名为省立潮州金山中学（由当时代理校长、著名学者张竞生博士拟定），1923年改称广东省立第四中学，确定了初中、高中各三年的学制，1935年定名为广东省立金山中学。1952年，学校从潮州市迁到汕头市（即今日的汕头金山中学）。而“潮安县立第一中学”则从西湖校址搬到金山，后几经变迁和更名成为今日的潮州金山中学。

第三章　人像

潮州女子旧影往事

每一种文化内都有男性文化和女性文化，两性之别越明显的地方，其女性文化和男性文化差别越大。在男尊女卑的时代，历史记录里很少写女性的故事。在潮州方言中，女人叫作“姿娘”，在潮汕俗语里，已为人妇的姿娘被比喻为家里的“脚桶箍”。脚桶是以前洗衣洗浴的宽大木盆，类似今天的浴盆。盆由木板拼接，再以几圈铁箍束禁，这些铁箍就是脚桶箍。没有脚桶箍，盆就散成木片了。对每个家庭来说，没有姿娘做脚桶箍，家这个脚桶也就散了，谈何圆满？这里选取了一些近代潮州姿娘不同人生阶段的老照片，供读者一瞥。

儿童

百年前的潮州女人可能没有现代人“童年”的概念，她们可能会用另一种说法——做“姿娘囝”（小女孩）的时候。这就像未出嫁的时候说“做走囝”（女儿）的时候一样。广州大学蔡香玉老师为我们提供的这张照片（下页），是传教士拍摄的清末潮州女童。摄影师在下方加了注释“three types”（三种类型），说明照片关注的是三种不同的人物身份或不同服饰。图中三个女孩的上衣都是旧时潮汕女性的传统服饰“大筒衫”。坐着的女孩身上饰品精美，有漂亮头饰、耳钩（耳环）、挂坠等配饰。她神情优雅文静，手中似乎拿着一本书。最显眼之处还是她的那双三寸金莲，这也证明她的身份是大户人家的小姐。左边的女孩衣着朴素，没有头饰，只戴一对耳钩，一双天足，没有穿鞋。她可能是个“赤脚囝”（旧时潮州一般指贫苦的丫鬟被收房成小妾）。右侧的女孩身份比较难判断，她衣着虽漂亮，也有头饰，右手还持一折扇，但不及坐者，重点是没有缠足，穿着一双大鞋。对当时家境较好的女孩子来说，缠足几乎是不可回避的。

▲百年前的“童年”

▲潮州府城天主教孤儿做针线活，图中四名儿童在做针线活。除右侧女童外，另外两名着女装的儿童从发型上看似乎又是男童

▲潮安县立女子师范讲习所第一届毕业生合照

学生

对现代女性来说，学生时代是人生的必经时期。潮汕地区近代的女子教育始于清末的教会学校，而后本地人士亦开办女子学校。清末民初，广东各地开始成立女子师范学校或女子师范讲习所。上图选自 1921 年的上海《妇女杂志》第 12 期，是潮安县立女子师范讲习所第一届毕业生合照。

该讲习所成立时间不详，但毕业生唐舜卿在《回忆张校长》一文中提到，她自己在 1920 年毕业于潮安女子师范讲习所，并报考金山中学，当时饶平人张竞生为校长。因此潮安女子师范讲习所的成立时间应该早于 1920 年，这张照片很可能就是那一年拍的，或许唐舜卿女士本人也在其中。照片是在讲习所大门拍摄，左边的楹联依稀可见“木兰绳武尚功崇德”的字句，“木兰”就是替父从军的那个木兰，“绳武”为继承先人业绩之意。图中后两排为23名女生，清一色白上衣，十分精神。可惜没有附注姓名，只能从毕业生唐舜卿的经历中一窥她们的人生。1920年毕业时唐舜卿才15岁，刚过豆蔻年华，因此图中的毕业生的年龄可能没有我们想象中的大。唐舜卿升入金山中学，毕业后留金中附小任教，而后转至广州任职。进入各类学校任教师应该是这些毕业生最普遍的职业选择。前排是教师或嘉宾，经辨认，前排右三持扇的男士是谢贤明（1885—1952）。他是潮安人，1916年毕业于国立广东高等师范，在广东省立第二师范学校任职16年，不知他那时是否担任女师讲习所的教师。1928年潮安女师讲习所的名字仍出现在广东省的年度记录中，其停办时间未知。

在1930年广东省立第四中学（现在的汕头金山中学，当时学校还在潮州金山上）的校刊《四中学生》第二期里找到一篇由一位男学生林鸿翥所写文章《潮安妇女生活一瞥》，里面提到：

我们全县的人口总数是七十二万多，妇女的数目大约是四十万，有受过教育的妇女，至多不上五千人，受过中等教育以上者几乎不足三百人，这些大都是在城市的。乡下守旧的人还是很多的，他们看见女子上学校，还认为是有伤风化的事，对于一般女学生常常作一种不良的批评。

如此看来，当时上过学的潮州女性实属凤毛麟角，但我们幸运地在上海的时尚杂志里找到了80多年前一对潮州姐妹花的闺蜜照。

这张照片刊登在《玲珑》杂志1934年第二号（第127期）的第100页上，画面中是两名十七八岁的女生，她们撑着印花雨伞，一个短发覆耳，一个长发及肩，画着淡妆，穿着旗袍，头微微上扬，望着镜头，青春韶华。

“大头贴”右上角写着“读者玉影”，从下方文字，我们得以知道这对姐妹花的身份：“左为戴莉娜女士，系广东省立第二师范学校学生；右为萧琼芬女士，系潮安县中学生。”“广东省立第二师范学校”便是如今的韩山师范学院前身。

▲《玲珑》杂志上的潮州姐妹

《玲珑》杂志以现代都市新女性为目标受众群体，是当时最时尚的商办女性杂志。1931年3月创刊于上海，1937年抗日战争全面爆发后停刊，总共发行了298期。杂志采用64开本，外观“迷你”可爱，内容图文并茂，版式设计优美别致，杂志稿件的创作者中多有在校或者已经毕业的学生。这本杂志以一己之力引领20世纪30年代中国时尚风潮。张爱玲在《谈女人》一文中曾提及：“1930年间女学生们人手一册的《玲珑》杂志”。

这对潮州姐妹花应该是《玲珑》杂志的忠实读者，是当时潮州城里的新式女性、摩登女孩。在《凤凰山革命根据地史料汇编》一书中还有一则记录，证明照片中的萧琼芬有段红色过往。1937年卢沟桥事变后，共产党员钟骞在潮州发起“潮安青年救亡同志会”，同时积极动员本地妇女参与抗日宣传，萧琼芬为会中活跃成员，曾任第一任理事会中的宣传部副主任一职。抗日宣传运动深入的同时，党组织也在金山中学、广东省立第二师范学校等学校和周边乡镇发展女党员。1939年潮安县496名党员中，女党员约占百分之十五。可惜资料稀少，没能找到更多关于这对姐妹花的故事。

▲孙安美和她的朋友博斯的新娘装

新娘

对百年前大部分潮州姿娘来说，出门（出嫁）是人生最重要一件事情。她们生活中的大部分时间还是得干活，手巧的姿娘还会绣花、做抽纱帮补家用，甚至一针一线预备自己的嫁衣。通过1922年两位外国女传教士拍的照片（上页），我们得以看到百年前潮州女子华美的嫁衣。

画面中坐着的是美国浸信会的传教士孙安美姑娘（Abbie G. Sanderson），她在汕头正光女学任教，站着的是她的朋友博斯（M. Boss）。这张照片不是在潮州拍的，却给了我们一个历史信息，因为图说上写着：

我们是在潮州府买了这两套传统的中国嫁衣。

原来100年前潮州女子出嫁是穿这样的衣服，当然，前提是大户人家。图中的嫁衣和现在西马路传统婚庆用品店销售的改良版嫁衣“五裾齐”有较大差别。照片的注解是孙安美写的：

蓝色和紫色的锦缎，裙子是有褶皱的丝绸，前面覆盖彩虹色的刺绣。

这是新娘装，可惜照片是黑白的，只能想象描述中博斯穿着的色彩。

我则穿着新郎妹妹穿的衣服，它由尼罗河水般碧绿的绸缎制成，黑色边角用金色的玫瑰花纹路装饰。

末了，孙安美打趣般问道：

我眯着眼睛的样子是不是显得很丑？

▲一个家庭的女人们

人妇

嫁作人妇，潮州姿娘要重整发型，打起脑后髻，由此步入人生中最辛苦的阶段。婚后妇女的日常是料理家务、照看孩子。

这两张照片被收录在格本号旅行相册中，拍摄时间为 1909 年或 1910 年。

左图拍摄的是潮州府城一户人家里的妇女和孩子，德文图片说明是："一个家庭的女人们"。照片中共有三名妇女，她们都身着传统服饰，右侧两名女子没有裹脚。右一地女子显得年轻，她梳着发髻，怀抱小孩，手中拿着一把扇子，两手戴珠链手环，左手无名指带着一个戒指，一只黑狗从她旁边走过。右二的女子看着镜头，她正在纳鞋底。左侧的女子皱着眉头看着镜头，她的旁边坐着一名托腮帮的小男孩。照片中这个小院落里种着一株铁树，三个竹筐中养着鸡，竹竿上晾晒着衣服和裤子，一瞥当时人们的生活。

下图则是户外的生活场景。三五个妇女在城外韩江边一片石头堆上浣洗衣物。她们将装衣物的竹篮搁置在石头上，然后蹲在水边娴熟地洗着衣物。她们或许还一边聊着家常。画面左侧还有一个小孩跟随她们一起。这样的情景时至今日，在潮州的临江村庄仍偶可见。

▲江边洗衣物的女人们

▲潮州妇人观海图

清末以来，潮汕地区男人“过番”（下南洋）蔚然成风，乡镇中许多女性变成留守妻子独守空房，留在“唐山”（中国家乡）照顾一家老少。

这是一张老明信片上的照片，右上角有一行清晰的字——潮州妇人观海图。照片还附有说明：

中国女子的流行发型——一群站在外面的妇女展示了当时的发型样式。

我们只能看到这群妇女的背影，天气寒冷，有人穿着棉袄。右侧一名留长辫的男孩正好回了头，据此推测这张照片拍摄于清末。但有人对这张照片有不同的解读，认为名字应改为“潮州妇人送男人过番图”，因为旧时潮州女子带着孩子、成群结伴地到海边观景可能性不大。她们可能是送丈夫漂洋过海去谋生，集体站在岸边目送船的远去。如一首潮汕歌谣所唱：

一溪目汁（眼泪）一船人，一条浴布去过番；钱银知寄人知转（读deng2，回来），勿忘父母共妻房。

因此，这个背影，更可能带着一种生离死别的感伤况味。当然，时代久远，已无从考究。

▲这是一个年轻的汕头姑娘，她从正面和半侧面向我们展示了常见的一种发型

↘ 链接：发型——打鬃

从前潮州妇女在出嫁之后就要打起脑后髻，潮州话叫“打鬃”，而这种传统早已消失。照片上妇女们的发型不甚清晰，但这些妇女的头妆基本是潮汕地区海边女子的装扮（与城里妇女的发髻有别），从约翰·汤姆逊于1870年在汕头拍摄的两名女子的肖像照片中，我们得以窥探当年海边妇女的时尚造型。对于她们的发型，汤姆逊还做了一番分析（摘自《中国与中国人影像》）：

这是另一种流行于这一地区的发型，不过照片上的妇女来自另一个家族。照片上呈现的这种脸型是汕头本地人特有的：鼻子直而挺，上嘴唇薄，牙齿洁白整齐，还有一个漂亮的下巴。

她们每个人的发髻都不一样，很值得西方的女士们借鉴学习。不过要把头发梳成如此精美的样式，却是一件麻烦的工作，麻烦到足以让我们国家那些有意模仿的女士们望而生畏，因为这需要花费她们全部的心思和精力。在中国，这些妇女一星期只梳一到两次头，因为没有谁花得起每天梳头的时间。

为了避免这些精心梳制的发型在睡觉的时候被弄乱，女士们用陶瓷或木制的枕头垫在后颈下面，枕头要高到足够保护发型不受损坏。在我们看来这完全是对舒适性的牺牲，而且很有可能导致窒息。然而当流行的趣味就建立在这种牺牲之上，也就不会有人对这些精巧的发式和夜晚高悬的头颈提出太大的异议了。

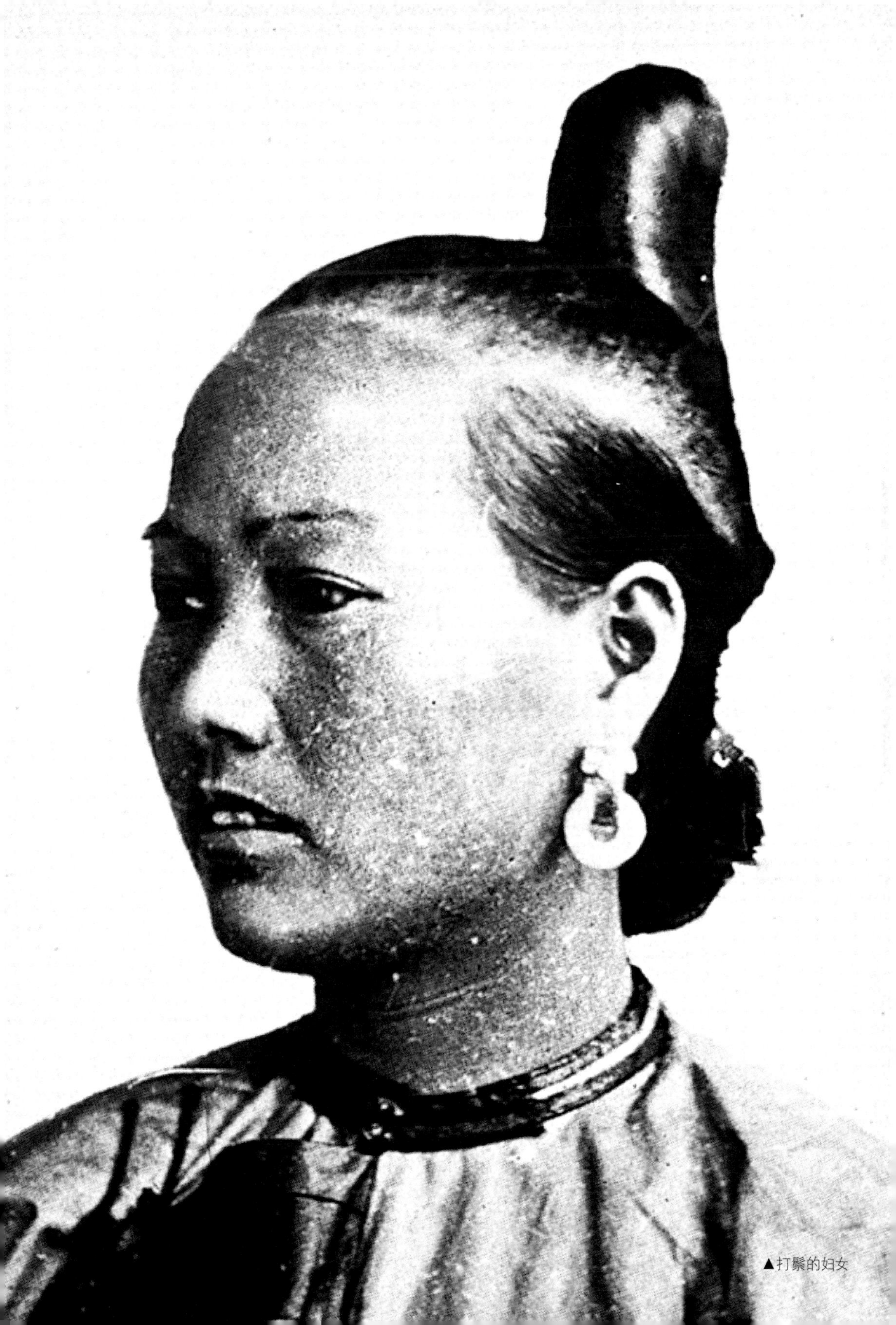

▲打鬃的妇女

吸食鸦片的潮州人

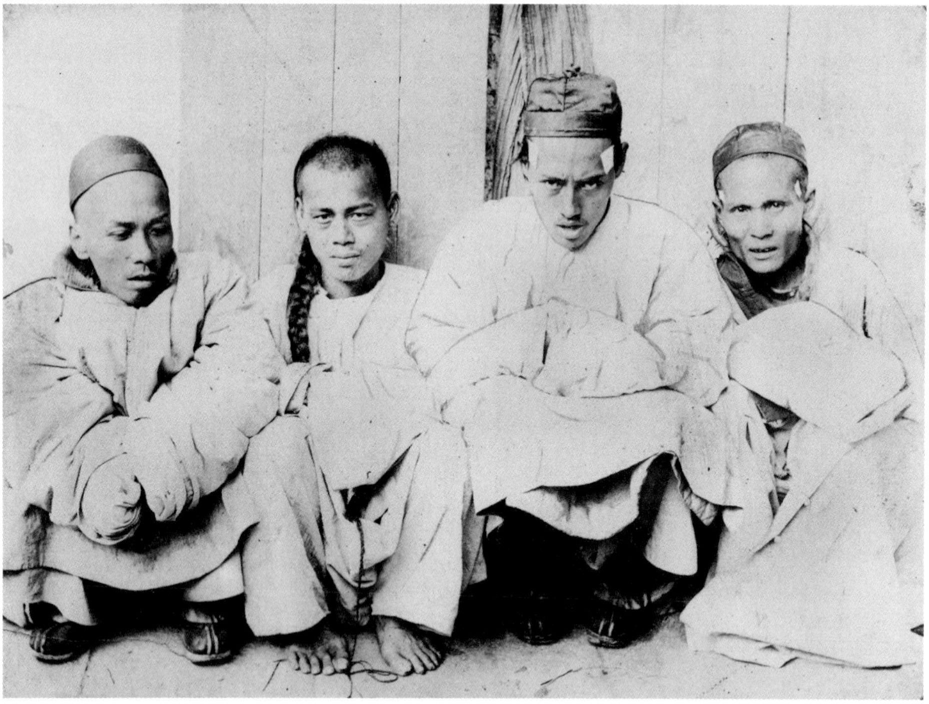

▲潮州府已治愈的鸦片吸食者

这位未知名字的摄影师如此描述这张《潮州府已治愈的鸦片吸食者》：

这张照片拍摄于1906年反鸦片法令刚公布之后，当时许多吸毒者去教会医院寻求治愈他们的毒瘾。

这四个康复了的鸦片吸食者目光呆滞，蜷缩蹲坐。他们还留着清朝的那头马尾辫，除了那个赤脚的人没戴帽子，另外三人都戴着清代的瓜皮帽。他们下意识地看着镜头，清楚有人正举着相机在拍摄他们。不过，他们并不知道自己将因此成为历史资料。他们是被治愈了，但依然颓靡和营养不良，看不见半点热血和斗志。当他们被记录下来时，我们甚至可以看见摄影机背后，那一名冷静而客观的摄影师的脸孔。

是的，这就是百年前吸食鸦片的潮州人的形象！抑或是清末全中国鸦片民的一个写照。

↘链接：鸦片与潮州

1837 年，已有贩运鸦片的洋行，把烟船驶到南澳岛停泊交货，有艘叫“玫瑰号”的英国船，载了 300 多箱鸦片。1838 年 11 月，林则徐任钦差大臣到广东查禁鸦片，就赶走了运鸦片烟到南澳销售给潮州的英国双桅大船。1839 年春，英国的几艘烟船又来南澳的长山尾停泊，林则徐和两广总督邓廷桢在广州责成英国代表义律，把停泊南澳的英国船只全部召回，并着令把船上的鸦片烟土缴交给中国政府。当时潮州府的南澳，也是鸦片战争战场之一。据统计，自 1864 年至 1911 年的 48 年中，潮州府共运进鸦片 283,535 司马担。

↘链接：潮州商帮

1850 年鸦片战争前后，大量鸦片进入中国，毒害中国人。潮州帮由于帮助清朝清剿太平军有功，获得一个前所未有的特权——鸦片专卖特权，这个特权帮助潮州帮积累了大量的财富。光绪三十二年（1906 年），清政府在国内颁布禁烟章程，厉行禁烟，在内地一些省份取得了很大的成效。

↘链接：福音医院

清光绪十八年（1892 年）英国长老会派遣英国牧师宾为邻等筹款于潮州南关外建教会医院（饶宗颐《潮州志》载：是岁英人设医院于郡南），初定名为“宾为邻纪念医院”，后改为“福音医院”。它是潮州府城第一家教会医院，用现在潮州市的地域概念来说，是潮州第一家西医综合医院，代表了当时西医在潮州的最高医疗水准，也是西医药扎根于潮州的标志。

虚云老和尚在开元寺

开元寺虽藏于偏远的粤东潮州，但历史悠久，是历来的佛教重地。历史上它曾迎来一位高僧——虚云老和尚。叫他老和尚，是因为他真的很老，当他抵达潮州开元寺讲佛时，已经是106岁高寿。

这张照片拍摄于1946年初冬，虚云法师与追随他的意昭和尚在潮州开元寺合影。右边的虚云法师双目微闭，手持念珠。他留有寿发，下巴长着白胡须。左侧的意昭和尚则看上去非常年轻，他双手相握置于胸前，亦是双目微合。两人就这么静止地站立着，仿佛与世无关，更不说彼时正在关注他们的摄影机。

林俊聪先生的《新成法师传》中有以下非常生动具体的描述（有删节），这几段描述足以让我们感受到虚云法师的大师风范。

一九四六年十月，冬日可爱，岭南如春。住在潮州开元寺内的新成沙弥，遇到一件大喜事，就是有幸亲仰中国禅宗泰斗虚云大和尚慈颜，敬睹主法，恭聆开示。

是年八月，由潮汕军政耆宿香翰屏、刘侯武、翁照垣等发起，在开元寺举行最隆重的佛事，即为期七日的水陆大法会，礼请广东韶关南华寺方丈虚云大

↘链接：虚云法师

释虚云，祖籍湖南湘乡县。出生于1840年9月5日；1959年10月13日逝世，世寿120岁。1953年发起成立中国佛教协会，被选举为名誉会长。他是世界寿星，禅宗泰斗，历坐15个道场，重兴六大祖庭，一身兼承禅门五宗，法嗣信徒达数百万众。

▲ 1946 年初冬，虚云法师（右）与追随他的意昭和尚合影于潮州开元寺

师主法。经宽鉴法师（虚公剃度弟子）力劝，虚公应请。九月底，在宽鉴法师和开元寺僧陪同下，虚公携三侍者、秘书释惟因、鸡足山方丈修圆，从广州六榕寺，前来汕头市民族路岭东佛教会。十月二日，由开元寺方丈又智和智诚法师，先引进潮安县灵和寺，皈依其座下者近万人，再移驾开元寺。

十月三日早上，新成沙弥与两序大众，于开元寺大门口，恭迎虚公驾临。

虚公来了。只见这位年已106岁的大师，身材修颀，仅穿布衲长袍、布鞋，两眼微闭，步履稳健，在又智方丈、智诚法师等缁素簇拥下，向开元寺走来。

虚公法驾莅临开元寺，在粤东引起轰动。寺院张灯结彩，佛幡飘扬，梵音悦耳。诸山长老、僧众、居士及各方善信奔走相告，云集于此，日夜诵经礼佛，香烟缭绕。更有善男信女，乃至各界名流，络绎不绝，前来观光瞻礼，盛况空前。这使又智方丈及其侍者新成诸僧，忙于迎来送往，应接不暇，日夜忙碌。

虚公进寺后数天，为众皈依，弟子排成长龙，总人数逾万。又应请讲经说法。他早晚及日间数次功课，总是亲率僧众上堂诵经礼佛，甚至深宵也不知疲倦，而三餐却坚持与僧众同进斋堂用膳，不搞特殊。

十月十一日，异常隆重、持续七天的水陆大法会宣告开始。

虚公主持法会，号令庄严。设斋诵经，礼忏施食，上堂说法，一切法事顺利展开，超度在抗战中为国捐躯及殉难者亡灵，普利人天，祈祷世界和平、国泰民安、风调雨顺。

法会最后一天晚上送圣，场面特别感人。

其时，钟鼓齐鸣，百僧列队，提灯扶炉，似长龙走出开元寺，沿太平路直往南门外。沿途鼓乐喧天，观众如潮，万人空巷。虚公由两童子徒儿手提幡灯傍护徐行，围观甚众。虔诚善信，总要挤到虚公身边跪地顶礼，即使只摸到其袍衲也心愿足矣。因此，队伍前行甚慢，两个多小时后才抵达青龙庙附近的韩江堤旁。顿时，人山人海，鼓乐大鸣，四众奉送诸佛、菩萨、声闻、

◀20世纪40年代，沦陷期间日军人员所拍摄的佛像。这是当年虚云大师讲经时供奉的佛像原貌

缘觉众圣升空，把送圣船、疏折、纸钱焚化于沙滩。至此功德圆满。

法会之盛，叹为观止。

翌晨，虚公顾不上休息，就应请为在暂于开元寺内复课的省立金中临时篷棚礼堂，为金中高中学生、韩师代表、各界名流共数百人，讲演《般若波罗蜜多心经》。

《心经》只有二百六十字，但文义难解，经虚公讲演，慧原法师翻译成潮州话，令听众听懂。虚公从早上八时多讲至正午，又从下午一时多说到黄昏，中间没有休息，没有离席，没有喝一口水，用浓重的湘腔，洪亮地宣讲妙法，阐幽发微，大弘玄义，听众咸赞稀有。

讲完《心经》后，翌晨，虚公带着随行者，手掖小布包，静悄悄从寺内走廊僻处迈出大门，神不知鬼不觉地离寺而去，令包括金中师生在内的各方欢送人群空来一场。

▲ 20 世纪 40 年代初日军人员所摄的大雄宝殿，广场晾晒着衣物

▲这是由日军拍摄于 20 世纪 30 年代的开元寺十八罗汉老照片，照片标注为“开元寺本堂两侧列位祭祀的十八罗汉像”。图中可见每尊塑像上方木雕阳刻着对应的尊名，可辨识的近处五尊（从左至右）分别是：宾度罗跋罗堕尊者、迦诺迦跋梨惰阇尊者、诺距罗尊者、迦理迦尊者、戍博迦尊者

百年前潮州的集体照

摄影术从19世纪40年代就已经传入中国，而在潮州本地，开始民用市场化，则是在民国初年。从一开始只有社会名流、达官贵人才支付得起费用，到后来普罗大众慢慢能消费得起。因此，在民国时期，拍一张照片还是一件很奢侈的事情。

除了个人照，当时许多社会中上层人对拍集体照情有独钟。集体照成为他们表达共同志向、情感，紧密联谊的一种方式，并开始流行起来。于是在当时的潮州府城开始有了一些提供集体照服务的机构，譬如春光美术照相馆这样专门的摄影机构。

右图是一张民国初年在潮州凤凰洲奎阁遗址前合影的老照片，照片中有267人，几面旗帜依稀可见“潮安县真光高小国民学校”“潮安县育德女子小学”“庆祝耶稣圣诞”的字样。照片是当时来华的传教士本·贝克（Dr. Ben Baker）和贝克夫人（Alice Smith Baker）所藏，现由陈辉先生收藏。照片背面写着：男孩和女孩的学校，南中国潮州府，1920年。

潮安真光高小是由基督教会的翁宗信牧师（中国人）和喜理纯牧师（美国人）于1917年创办的教会小学。校址位于现在潮州市湘桥区西马路的城中堂教堂和湘桥区人民医院处。学校除了招收基督教信徒子女外，也招收非信徒子女。其中信徒子女与非信徒子女比例约为1∶2。奎阁又称奎星阁，位于韩江上沙洲岛凤凰台之西端，清康熙三十四年（1695年）

▲潮州凤凰洲奎阁遗址前合影

巡道鲁超建，历经三建三毁。1920 年照片拍摄之时，该阁尚存一层多的墙体，残高约七八米。放大照片，可以看到这些学生戴着大盖帽，身着中山装、白长裤、长袜子，学生们胸口还佩带着校章。照片中女子学校的老师或校工也都是女性。照片中的三个外国人正是喜理纯牧师一家，喜理纯牧师当时也是真光高小的校长。从旗帜中“庆祝耶稣圣诞”推测，照片可能就是 1920 年 12 月 25 日圣诞日拍摄的。

▲饶氏家族的合照

上面这张照片现存于香港大学饶宗颐学术馆，是饶氏家族的合照，照片中共有 43 人，左起第六人为饶宗颐先生（1917—2018），前排站立右起第二个大人是饶宗颐的父亲饶锷。照片标注文字："家严慈八耋开弌[1]荣寿大庆纪念，丙寅年十月初八日吉旦"，照片拍摄于 1926 年 11 月 12 日，那天是饶宗颐的祖父饶兴桐 70 岁生日，照片应该拍摄于古城下东平路莼园之内天啸楼。

[1] 八耋开弌的意思是进入八旬的第一天。

1926年早春，电影《白芙蓉》在潮州西湖取景拍摄，这是中国早期的电影之一，剧组在处女泉前看到“芙蓉池”，觉得甚巧，于是在石刻前合影留念（下图）。电影的导演是陈天，女主角是当时被称为“电影皇后”的胡蝶（前排站立的女子）。电影上映日期是1927年9月28日，片长190分钟。

电影讲述了长安酒店的店主有一女儿，名白芙蓉，样貌艳丽，食客胡山和陆义鸿都看上了她。胡山有钱有势，而陆义鸿则是一片衷恳热诚，后来陆义鸿博得白芙蓉喜爱，胡山恼羞成怒把白芙蓉和陆义鸿在潮州西湖上泛舟的小船掀翻，扭打中胡山败退。为了得到美人，胡山只能设计将白芙蓉骗出的故事。

▲电影《白芙蓉》在潮州西湖取景拍摄的剧组照

▲刊登在 1929 年 12 月创刊的《四中学生》上的篮球队合照

1933 年，5 月 20 日，当时的潮安四中篮球队参加广东省第十二次运动会获得县联赛篮球冠军。这张照片刊登在 1929 年 12 月创刊的《四中学生》上，附上说明：

本年五月，为广东全省第十二次运动大会举行开幕之期，本校代表潮安县选派同学十八人赴省参加。结果篮球队获得县联赛篮球冠军；同学丘其昌君获得县联赛男甲队铁球第一名；同学丘楚卿君获得县联赛女甲队掷垒球第二名。

本校参加全省运动会此次为创举，即有如是成绩，未始不可引为欣慰者，故特刊登照相，以垂几年，然来日方长，积健为雄，犹有待诸同学之继续努力，此时，固未敢引为自满也。

《四中学生》是半年刊，属于学生刊物，由广东省立第四中学校学生会出版委员会编辑，学生会负责出版事宜，潮州永丰街梁永昌印刷所印刷。该刊停刊时间及原因不详。《四中学生》主要刊登有关国事、青年、妇女、教育等问题的政论和学生的文艺作品，会闻栏主要介绍该校学生自治会简章、工作计划、会务情况。该刊中的内容主要可以分为论文、研究、文艺、会务等方面，但较少设置特色栏目，各种文章间杂刊载。

▲中国针灸学研究社广东潮安分社成立纪念摄影（《针灸杂志》1937 年，10 期第 3 页），合影站立的人背后可见孙中山像

▲潮安青年图书社的团体大合照

上面这张照片拍摄于潮安青年图书社五周年纪念日，即拍摄于1922年12月。在前面《保罗·克里斯的潮州之旅》一文的开元寺照片中可见大雄宝殿西侧“潮安青年图书社”的挂牌，由此推测这张照片可能拍摄于开元寺内的图书社办公地点。该合照中有70个人，前排盘腿而坐的人身前还摆放着小号等西洋乐器。

民国六年（1917年）12月，在俄国十月革命影响下，潮安县部分先进青年自发组织城东青年图书社（后改称潮安青年图书社），该社以研究文学，增长知识为宗旨，从京、沪等地输入《新青年》等进步书刊，在潮州传播社会主义思想。

最初，潮安青年图书社在开元寺内开设新刊贩卖部，销售来自京、沪的《新青年》《新潮》《新生活》《少年中国》《解放与改造》等刊物，南洋来的《社会主义史》《五一劳动节史略》等小册子及《白话书信》《到自由之路》《蔡孑民言行录》等丛书，吸引了一批读者。新刊贩卖部成员定期到省立金山中学、省立二师（韩师）等校及金石、彩塘、庵埠等地学校销售新书刊，甚至到汕头、澄海、揭阳等地推销进步刊物，为潮汕地区新文化运动和新思想的传播做出重要贡献。

《金山街道志》与《潮州民国史大事记》有相关记载（节选）：

1918 年 2 月，新加坡归侨姚维殷、廖质生带来了 2000 多册《社会主义史略》《五一劳动节史略》《无政府主义浅说》等 8 种小册子，在新刊贩卖部出售，这些书刊具有很大的吸引力，书店也成为有志青年经常驻足的地方。新刊贩卖部还定期到在城各中小学及庵埠、彩塘、金石等地乡村学校推销，深受老师及学生的欢迎。

1918 年 5 月，为争取言论自由和政治民主权利，青年图书社及工界救国联合会成员洪馥芝等 3 人到桥东宁波寺前演讲，遭军阀无理拘捕，青年图书社的活动地点被查封。然而，工人们并没有被吓倒，一面积极营救被捕工友，一面通过广州，向各界发出呼吁，揭露军阀的不法行径，争取舆论支持，组织工人上街游行、请愿，要求放人。

1922 年，由于青年图书社不断扩大，社内成分也越来越复杂，随着社会实践的深入，出现了不同的观点和派别，既有激进派，也有保守派；既有信仰无政府主义，也有信仰社会主义。

1923 年初，开元新刊贩卖部迁往昌黎路，改升为“青年书店”，销售范围也扩至澄海、揭阳、汕头等地。青年书店在传播马克思主义学说、介绍社会主义思潮方面起了极大的作用。

潮安春光美術照像館特贈省立第四中學校第八屆畢

▲ 1932 年，太虚法师应潮州僧俗之请，在潮州开元寺弘法一周，又应住持福来法师之请，在开元寺创办岭东佛学院。次年，佛学院成立后，太虚亲自兼任院长，创办佛学杂志《人海灯》半月刊。图为社会各界及开元寺僧人与太虚法师一行合影

▲ 1933 年省立第四中学校第八届毕业生合照

▲《潮安仙圃寨志略》课题组在收集仙圃寨文献时，从廖厝村收集到一张关于仙圃维正学堂的老照片。这张照片拍于民国二十年（1931 年），是维正学堂举办爱国侨领、维正学堂倡建人廖正兴先生追悼大会时的大合影。从照片上看，中间及后排的人穿着长衫和西装，可能是当地政要士绅或社会名流，前面蹲着的，应该是当时学堂的学生（装束上则像是童子军）。照片中间是嘉惠来学的牌匾，中间挂了一排青天白日旗，两侧是民国著名学者温丹铭先生所送的挽联，前排坐着左起第四人是维正学堂首任校长赖德崇先生，第五人是维正高小学校校长赖盛勋先生

▲民国十二年（1923 年）重九潮安县真原国民学校全体员生秋日旅行西湖合影，刊登于《圣教杂志》1924 年第 3 期第 1 页。画面上孩子有的拿着鼓，有的拿着小号，他们还举着“潮安真原国民学校”和“秋日旅行”的旗子

参考文献

[01] 阿诺德．上海 1908[M]．夏伯铭，译．上海：复旦大学出版社，2011.

[02] 蔡香玉．坚忍与守望：近代韩江下游的福音姿娘 [M]，北京：生活·读书·新知三联书店，2014.

[03] 常盘大定，关野贞．中国文化史迹：全译本 [M]．复旦大学文史研究院编，李星明主编．上海：上海辞书出版社，2018.

[04] 陈海忠，黄挺．地方商绅、国家政权与近代潮汕社会 [M]．广州：暨南大学出版社，2013.

[05] 陈嘉顺．汕头影踪 [M]．广州：暨南大学出版社，2016.

[06] 陈雪峰．潮州时钟楼的辉煌岁月 [N]．汕头特区晚报，2012-07-23.

[07] 葛学溥．华南的乡村生活：广东凤凰村的家族主义社会学研究 [M]．周大鸣，译．北京：知识产权出版社，2011.

[08] 卢公明．中国人的社会生活：一个美国传教士的晚清福州见闻录 [M]．陈泽平，译．福州：福建人民出版社，2009.

[09] 林朝虹，林伦伦．全本潮汕方言歌谣评注 [M]．广州：花城出版社，2012.

[10] 刘文菊，陈俊华，李坚诚，等．潮汕女性口述历史：潮州歌册 [M]．广州：暨南大学出版社，2017.

[11] 汕头大学图书馆．日军侵略潮汕写真 [M]．汕头：汕头大学出版社，2007.

[12] 魏影秋，伊琳．潮汕姿娘 [M]．广州：暨南大学出版社，2012.

[13] 约翰·汤姆逊．中国与中国人影像 [M]．徐家宁，译．桂林：广西师范大学出版社，2012.

[14] 约翰·汤姆逊．镜头前的旧中国：约翰·汤姆逊游记 [M]．杨博仁，陈宪平，译．北京：中国摄影出版社，2001.

[15] 周硕勋．乾隆潮州府志 [M]．影印本．广州：岭南美术出版社，2009.

后记

不知不觉，从开始寻集潮州历史影像至今已六年有余，在这过程中，常为能找到一张新的老照片而兴奋不已，亦曾在实地走访中，为昔日景致的破败而感到惋惜。更难得的是，认识了不少爱潮州的朋友，他们用不同的方式保持着与故乡的联结。

考证每张老照片背后的故事，是一场穿越时空的奇遇。寻访猴洞时，能听到如今居住其中的屋主讲述庭院的沧桑变化；几年谜疑，终于从 90 岁高龄的邢锡铭老人口中听到老照片中的一副对联，进而确定那张照片当年的拍摄点是青龙古庙，这好比是找到一把打开珍贵宝藏的钥匙，也使我备感影像整理考证及口述历史的重要性；托在日本读书的朋友王寅翻译《中国文化史迹》关于潮州的部分，她告诉我，文章是用相当于日本文言文的文字写作的，她得去找古文老师才能译成中文；当我在微博微信上请教时，网友们往往给出问题的答案并提供不少细节，拼图般还原一些历史细节；2014 年时，在潮州举行了第一场老照片分享沙龙活动，大家用自己的方式讲述“老照片新故事”。

本书得以出版全赖多方帮助，才使得在恰当的时间里，不同角色的潮人，在这里，共同促成了这件有关潮州的事。感谢北京大学教授陈平原先生为本书撰序。先生一直很鼓励和支持年轻作者，他于讲座结束后的匆忙中带上我送去的样书赶往机场，又于极短时间内完成序言，给予了我莫大的鼓励，也表达着他对家乡潮州的一种深情。非常感谢《汕头旧影》的作者陈传忠先生无私地提供了他收集的潮州老照片。感谢许世冠、郑雪依、陈孟辉等多位老先生提供的资料和建议。深入了解潮州历史文化的他们，在后生面前表现出的谦和与无私以及对老照片价值的肯定，也使我看到了一种开放、宽容的胸怀。感谢南方日报出版社佃燕婉编辑精心策划、编辑出版此书，是她一直督促我将老照片整理成书，给我提出许多专业修改意见，并亲自负责本书的装帧设计。感谢佛山日报黄珂展欣然答应为书绘制手绘地图。感谢郑坚及他的长光里公众号的热心支持。还要感谢所有提供线索的网友以及默默支持我的众多前辈和亲友。

这里还要特别感谢潮州市委宣传部对本书的认可与支持，也感谢潮州市博物馆、美国国会图书馆、美国南加州大学图书馆、威尔康图书馆、日本国会图书馆等各大机构提供老照片资料和信息。

本人才识浅陋，行文中对历史的考证等定有纰漏之处，望方家读者批评指正。

2015 年 12 月